家時間

内田彩仍

本書は二〇二〇年に刊行した『家時間』の内容を見直し、新たな内容を追加して、書籍化したものです。

はじめに

四年ほど前、長年住み慣れたマンションから、シンプルな造りの一軒家に移り住みました。
この新しいわが家を居心地よく、住みやすくと考えて、
リフォームしたり工夫したりした日々を『家時間』という本にまとめたのが二〇二〇年。
その内容を見直し、少しだけ新たな内容を追加して、
この度、『新装版 家時間』として刊行することになりました。

当時、住み替えようと思った理由は、
幸せなご家族から受け継ぐ形で住める家に出会えたこと、
これから先の暮らしを考えて……と、いろいろありますが、
何より、夫が六十歳直前、私は五十代半ばというその時期に決断することが
家族にとっても、私にとっても、よりよい選択になる気がしたからです。

住み替えた家での暮らしは、その後すぐに始まったコロナ禍で
これまでとは違う生活様式を求められたり、
引っ越したあとも家の改修を少しずつ続けていたり、ということもあって、
荷物に埋もれるようにして過ごす日々から始まりました。
そんな非日常を経験しつつ、新しい家での日々を楽しみながら積み重ねているうちに、
かけがえのないものはすべて身近にあるということに、改めて気づきました。

家族とたわいもない話をしながら食事をしたり、
小さな庭を、いとおしみながら手入れしたり、天気のいい日は、家のまわりを散策したり。
暮らしの中で、自分が大切にしたいと思っていることが定まっていれば、
穏やかな気持ちで過ごせることも知りました。
そして、どんなことでも、心を通わせながら分かち合える家族がいつもそばに
居てくれることが、この上なく幸せなことなのだと実感することができました。

そして、ここ数年、家に居る時間が以前より長くなったことで、
私が一番大事にしている「心地よく暮らす」ということにも
じっくり向き合いながら、見つめ直しました。
リビングは、いつも心が安らぐよう、ただくつろげる場所であればいい。
寝室は、パーソナルな空間としても使えるように。
雑貨はたくさん飾り過ぎず、好きなものが引き立つしつらえに。

また、長年続けてきた習慣が新しい暮らしの支えになってくれたことも
うれしい発見でした。頭であれこれ考える前に、手や体が自然に動くことで、
環境が変わっても、普段通りの毎日を送ることができるのです。
疲れがたまりがちだった期間、自分の習慣に、どれだけ助けられたことか……。

これからの日々を慈しみ、家族が心地よく過ごせる暮らしを大事にしながら
私なりの家時間を少しずつ、育てていこうと思っています。

新装 家時間 …… 目次

一章 暮らし

二章 住まい

三章　収納

四章　家仕事

住み替えてから少しずつ見直していること

一章　暮らし

ワンクッションおける小部屋

一階の寝室は独立した造り。
どちらかが体調の悪い時は、ここで心置きなく休むことができます。
大きな机を置いてドレッサーとして使っているのですが、
外出自粛期間中、私がリビングでオンラインで打ち合わせをする時は
在宅勤務だった夫はここを作業机に。

住み替えのきっかけは
家族のこれからを考えて

十一年前、以前住んでいたマンションを「終《つい》の棲家《すみか》」だと思って改装しました。その頃はまだ四十三歳で、先のことをそこまで考えていなくて、自分たちも親も、これまでの環境や状況がしばらく続くと思っていました。改装時に目指したのは、「家族の気配が感じられる家」。夫婦の会話があることが日々の幸せを左右すると感じていたのと、喧嘩をしても会話があることが大事だと思っていたので、いつでも家族の気配が感じられるようワンルームのような間取りにしました。

ところが、夫が風邪をひいて寝ていても、私が同じ空間で仕事をするとパソコンを打つ音が響いてしまいます。愛猫クリムの調子が悪くなってからは、夜中に薬をあげる際に夫も起こしてしまったり、その後、抗がん剤を使うようになると、病気がちな母を家に招いた時、何か影響を及ぼさないかと気がかりに思ったり。そんな状況が幾つか続くうちに「もうひとつ部屋があればいいな」という思いが次第に強くなっていきました。それでも、住み慣れた場所を去りがたい気持ちもありましたし、荷物の整理や片づけなどを考えると気が重くもなりましたが、「そんなマイナスを吹き飛ばす体力がある、今のうちに」と思ったのです。

防犯のことを考えると「次もマンションがいい」と考えていました。ただ、この先、八十歳になるまでの約三十年間住んだとして、共益費や修繕費、駐車場代などの経費を改めて計算してみると結構な額になるのです。それを踏まえて今後のことを話し合ううちに、段々と一軒家もいいかもと思うようになりました。

幾つかの物件を見る中で「ここなら……」と感じたのが、素敵なご夫婦と女の子の三人家族が暮らす家。迎えてくださった時の雰囲気と、ご主人が教えてくれた家作りのお話に心惹かれました。日中は奥様と娘さんがふたりでいることが多いので、防犯のために大きなはめ込み窓以外の窓は小さめのものを選んで幾つか並べ、二階のベランダはなしに。家族みんなでゆったり過ごすためにリビングを広くとろうと、二階にはトイレは作らなかったそう。それまでは夫と「二階にもトイレが欲しいよね」「ベランダがないと洗濯物が干せないかも」と話していましたが、幸せに暮らすのに大事なのは間取りや条件ばかりではない、そう思えたのは、はじめてのことでした。

広さは八十八平米と、住んでいたマンションより少し広くなった程度ですが、小さな家が好きな私は、このこぢんまりした空間がとても居心地よく、ふたりで過ごすには十分だと感じました。家族の気配も感じられるし、これから歳を重ねても、日々の掃除が負担にならない広さです。建って九年目でしたが、奥様が掃除好きの方で新築と見まがうほどきれいだったのと、私たちもここを住まいにすることで、幸せに暮らせそうな気がして、すべてのことがプラスに思えました。

よく「家は十年ごとにメンテナンスを」と言われますが、もしかしたら十年ごとに自分たちの暮らし方も見直しが必要なのかもしれません。十年後はまた今とは違い、様々なことが変わっているはずですが、いつでも〝今が幸せ〟な家作りを考えていけたらと思っています。

愛猫クリムの病気が家を探すきっかけに

幼い頃から病気がちだったクリム。がんになって最後の一年数か月は
抗がん剤のおかげもあって、とても穏やかに、笑顔で過ごすことができました。
新居で一緒に住むことは叶いませんでしたが、
ここの内装を決めるためにカタログを見ている間、そばに寄り添ってくれていたり、
カタログをしまおうとすると箱に入ってきて「遊ぼう」と可愛い顔で誘ってくれたりと、
今回の住み替えにも、さりげなく背中を押してもらったように思います。
幸せな思い出もたくさん残してくれました。大好きだったクリムには感謝しかありません。
「今まで、そばに居てくれてありがとう」と、心から伝えようと思います。

長く使い続けるために

ソファをシックな生地で張り替えて

この家に引っ越す前に
光沢のあるグレーの生地で張り替えていたソファ。
マンションに置いていた時は少し違和感があったのですが、
この家の雰囲気には馴染んで、空間が引き締まって見えます。
同じ生地でダイニングチェアも張り替えました。

今のリビングにある家具は、以前のマンションで使っていたものがほとんどです。住み替えは家具を新調するいい機会ですが、八十歳になっても今と好みが変わらないと確信しているのと、長年使って愛着が増した家具を修理しながら大切に使おうと思っているので、傷んでいるものだけを張り替えることにしました。

近所に信頼している家具職人の方がいらっしゃって、よくメンテナンスをお願いするのですが、その方のおかげで家具が蘇るから、また新たな気持ちで使うことができているというのも大きくて、とても感謝しています。

わが家には猫がいるので、椅子やソファは数年経つと、どうしても爪とぎでボロボロに。下地まで響かないうちに張り替えるようにしています。張り替える度に色柄を変えられるのも楽しみのひとつで、今回は、座面の角がボロボロになったヴィンテージスツールのシートを、自分でパッチワークした布地を使って張り直し。また、へたってきたソファの中身を足すなど、これからも長く使い続けられるよう修復をしてもらいました。毎回完成を待ち望んで、出来上がると、もうすでに次はどう張り替えようかとわくわくしています。

カーテンは、いつも麻の布を自分で縫い合わせ、上部にタックを寄せるのだけを、専門店にお願いしていましたが、麻を使っているからか、長年使うと裂けてきて、自分で直すのにも限界がありました。新たに選んだニトリのカーテンは、手頃なのに驚くほど機能的。今回「麻でなくては」という思い込みをやめたことで、新たな物選びができたようで、どんな時も柔軟な心が大切だと感じました。

住み替えを機に暮らしをがらりと変えたり、スリム化したり。それもひとつの方法ですが、好きなものを使い続けながら、今のわが家にちょうどいい選択をするほうが、私には合っているようです。

ベッドサイドのスツールは
好きな布を集めて張り替え

十五年ほど前、
カメラマンの方と物々交換して
わが家にやってきたヴィンテージの
ファネットスツール。
角がボロボロになってきたので
ミナ ペルホネンの生地を
パッチワークして
一枚の布地にしたあと
張り替えてもらいました。

窓の大きさに合わせ
カーテンをセミオーダー

ニトリの遮像レースカーテンは
裏が反射するので、
一枚でも室内が見えにくい優れもの。
日中、安心して
レースカーテンだけで過ごせます。
同じくニトリの遮熱カーテンを重ねたら
夜も透けず、冷気をガードできます。

目隠し用のスツールも
好みの生地に

光ファイバーのケーブルを隠すために
ベッドサイドに置いている
イケアのスツール。
下についていた布製の小物入れを
ミナ ペルホネンの生地で
作り替えたらぐんと素敵になりました。
取り外しできるよう
面ファスナーをつけたので
汚れたらすぐ洗えます。

シックな印象になったダイニングチェア

以前は水色の生地のシートでしたが、
しみができてしまったので、
汚れが目立たない黒に張り替え。
やさしい雰囲気だったのが、途端にキリッとしました。

長年使っているメイクかごも模様替え

ドレッサーの上の壁づけライトを黒にしたら、
空間が引き締まったので、メイクやヘアケア用品を
入れた収納かごにかける布も、黒に統一。

大きくなるごとに替えていく首輪

わが家にやってきたばかりの
愛猫そら。
まだ小さくて、隙間に入ると
どこにいるかわからなくなる
ので、鈴つきの首輪を
作っていただくことに。
どんどん大きくなるから
サイズ違いで
四本作ってもらいました。
柔らかなリバティの布で
作られていて
つけ心地もよさそう。

– 50 år som kera...
Höganäs Museum 7/6–6/7 1979
Kulturen Lund 20/7–21/10 1979

シートクッションをのせて
イメージチェンジ

前のマンションでは
洗面所に置いていたアルミの椅子は
座ると冷たいので、
イケアのシートクッションをのせて
寝室で使うことに。

花を飾ること

暮らす場所が変わっても、花を絶やさない生活をしています。家時間が長くなっているこの頃、花を愛でることは私にとって安らぎでもあり、部屋を整えておこうという、意欲の源にもなっています。花がひとつあるだけで、その場所の光の変化にも気づくことができ、気持ちに余裕のない日でも、四季折々の彩りを感じられます。

マンションに住んでいた頃は「ここに飾れば気持ちよく過ごせる」という場所がわかっていて、飾る所は多くても五か所程度にと決めていました。長持ちさせるためには朝の水替えが欠かせないから、好きなことが負担にならないようにするための、私なりのルールです。今の暮らしでも基本の五か所を決めようと思っているけれど、ここしばらくは、あちこちに飾って様子を見つつ、いいと思える場所を模索しているところです。

そうして何か月か続けているうちに、幾つか花を飾る

**ふと目に入る場所に
グリーンをしつらえて**

大ぶりの枝物を買ってきたら、
部屋のあちらこちらに飾ります。
キッチンの南側の窓辺に
実がついたナツハゼを生けたら、
差し込む光が薄い葉からこぼれて。

場所が定まりつつあります。リビングの窓際のカウンターや玄関先、ドレッサーまわり、サニタリーの小さな棚など。あともう一か所はキッチンで、南向きの小窓から差し込む光がとても気に入っていて、窓の高さに合わせて収納棚を低くしたので、大ぶりの枝を飾っても日差しに映えるようです。

最近は、新しく植えた庭の草花や、前に住んでいらした方が大切に育てていた小さな花、買い物帰りに生花店で見つけた枝物など、今までとは趣の違う場所に、何を飾るか考えるのも楽しく。花器は、先が細いと洗うのにも水を替えるのにも時間がかかるので、洗いやすいことを優先して選ぶというルールは変えていません。

花は飾るだけでその場の雰囲気が変わるのはもちろん、家という閉ざされた空間でも、自然の中に身を置くことができるようで、心に潤いを与えてくれます。わが家は通気性がいいのか、断熱材の効果なのか、この夏、草花を飾っていても、すぐにしおれることがありませんでした。ここに住まいを移したことで、思いがけず年中花を楽しむことができそうで、幸せを感じています。

ドレッサーの脇には好きな花を

身支度を整える場所に
庭から切ってきた
秋色紫陽花を。
花の美しさに癒されながら
一日を始めます。

サニタリースペース

水まわりには小さな花を一輪。
ピンクアナベルはとても可憐で、
白い空間に華やぎを与えてくれます。

靴箱

玄関に花があると、帰ってきた時に
気持ちのよい空気感に包まれます。
この日はオレンジのエピデンドラムが主役。

ダイニングルーム

窓の外の緑ともマッチする、
黄色いエピデンドラムを雑貨と共に。
黒い花瓶に挿すと、凛とした雰囲気。

玄関の窓辺

折れてしまっていた庭の紫陽花を瓶に挿して。
ささやかな一輪でも、わが家で咲いてくれたと
思うと、いとおしくなります。

ワークスペース

よく訪れる生花店で
育てられていたニンジンボク。
素敵な女性店主の笑顔を
思い浮かべながら生けていると、
元気をもらえる気がします。

カウンター

存在感のある芍薬を
ガラスの花器に。
大輪の花があるだけで
空間の印象が変わるから、
部屋の模様替え気分で
飾っています。
うっとり眺める時間も、
とても贅沢。

安らぐシーンの作り方

愛猫クリムと共に過ごした五年ほどの闘病生活が、今の暮らしのベースを作ってくれました。その頃はずっと家にこもってそばに居たので、家の中で楽しむ工夫をクリムから教わった気がします。今振り返ってみても、とても幸せな時間だったと思います。

そんな時、部屋のあちこちに好きなシーンを作っておくと、ふと目にした時に心が安らいで、幸せを感じられることを知りました。そして、そのしつらえがあるだけで、ある程度のイライラは自分で直せることにも気づいたのです。

だから今も「今日はごはんを作りたくないな」と思った時でもやる気が出るよう、キッチンの特等席に好きなキッチンツールを並べています。また、ちょっとへこんだ日も、さっと気持ちを切り替えられるよう、部屋のどこからでも見える場所に、好きなキャンドルホルダーを置いて、キャンドルを灯し揺れる炎を眺めています。

iPadの壁紙にクリムの写真を

iPadを開く度、小さな頃のクリムと目が合います。
「かわいい」とくすっと笑いながら、
クリムとの幸せな記憶を思い出しています。

玄関先に木製フックを

リースや出かける時にいつも持って行くバッグを
フックにかけて。帰ってきた時に玄関に
好きな場所があると「ああ、帰ってきた」とほっとします。

それから、仕事で調べ物をする時は、気持ちが焦っていることが多いから、ちょっと立ち止まってひと呼吸してから作業ができるよう、iPadの電源を入れたら、クリムの小さい頃の写真が映し出される、そんな設定もしています。思わず顔がほころぶような、緊張が溶けるような仕組み作りができたらと思うのです。暮らしは私にとって一番大切な趣味であり、そして仕事でもあるから、この上なく好きな暮らしの中に、ほっとできるシーンを作れたら、それが一番自分を心地よく導くための手立てになると思っています。

部屋のインテリアは私のためではなく、家族がくつろぐためにあるもの。住む人が気持ちいいと思えるシーンがたくさんあるほうが、帰りたくなる場所、居たくなる家になるような気がします。だから、普段から「ここにはこんな棚があったらいいね」「これがあったら素敵に見えるかも」「ここにフックがあったら便利そう」などと話し合いながら、部屋のしつらえを決めています。新たに何か買い足さなくても、場所を変えるだけで十分気分が変わるから、これからも家族で様々な会話をしながら、その時々に合った飾り替えをしていくつもりです。

キッチンに好きな道具を

最近手に入れたステルトンの黒いポットや、十年以上愛用のトースターが、キッチンを引き締めてくれます。好きなシーンがあると、日々の料理も楽しく。

いつもキャンドルを灯して

イッタラのキャンドルホルダー・カステヘルミはフィンランド語で「露の雫」という意味。火を灯すと雫が光るようにきらめき、その佇まいに癒されます。

心に余白を作れるように

私にとって家は、随分前から暮らしの場であり、仕事の場でもあります。最近は、家で仕事をする時間が今まで以上に増えたから、気持ちの切り替えが、なかなか上手くできなくなってきているようです。以前は暮らしと仕事を無理してでも切り替えようと意識していましたが、近頃は段々、一緒くたでもいいと思うようになりました。

そう思うと、途端に気が楽になったのか、洗濯物を干している時に、本に書きたいことがふっと頭に浮かんだり、仕事をしている最中に、今日の夕食はこれにしようと決められたり。忙しい時は四六時中、仕事のことを考えてしまうこともありますが、外出が減った分、食事の支度をしたり、お茶をしたりすることも増えたから、いいバランスが保てている気がして、それはそれでいいのだと感じています。

そんな中である日ふと、外を眺める余裕を持てていないことに気づきました。目の前にあることに気を取られてしまい、集中し過ぎていたのでしょう。忙しい日が続くと、この家を選んだ理由は眺望が素敵だったからということもすっかり忘れて、草花や夕日がきれいなことにも気づかずに日々を過ごしていました。こんなに気持ちのいい空を眺めずに、私は何をしていたのだろう……と、ふと我に返ったのです。きっとリラックスするためには、変わりゆく気配に気づけるくらいの余白が心に必要で、頑張ることも大事だけれど、少し立ち止まって休息することも大切だと思えました。

五分でも十分でもいいから、ただ、ぼーっと外を眺める。そんな時間を持つことで、家事でも仕事でもなく、自分自身を優先した気持ちになります。何もしない時間を自分に許すことで、すべての事柄がプラスに思えるから、人に対しても穏やかに、寛容でいられるような気がするのです。

ダイニングの窓辺から
外を眺めて

雨の日、葉に落ちる雨粒を
ただただ見つめているだけで
心がほぐれて、
気持ちが豊かになります。

朝日を感じる生活

縦長の窓から
気持ちのよい朝日が入る玄関。
枝物を飾ると、
きらきらとした日差しに
葉の影が映し出されて、
眺めているだけで
時の経つのを忘れてしまいます。

わが家の東側には隣家があり、視線が合わないように小窓が幾つかあるだけなので、朝日を感じられない生活になるのではと気にかけていました。それが、引っ越しをした翌日の朝が快晴で、寝室のドアを開けたら階段の小窓から日差しが降り注ぎ、廊下まで明るく照らされていました。「こんなところから朝日が入るんだ」と心躍らせながら、階段に座ってスマートフォンでメールチェック。朝日を浴びるだけでこんなに心持ちが違うのだと、とてもうれしくなりました。

住み始めてから、階段の小窓から差す光をリビングにも取り込みたくて、そこに繋がるドアを採光仕様にすることに。家の躯体には手を入れなくても済むように、ドア枠は残したまま、扉だけを作り替えました。

リビングにもともとついていたダウンライトも、白熱球から太陽光が感じられるLED電球に交換。すべて昼白色になったことで、スイッチを入れると部屋中が朝日に包まれているような気分です。

今回のことで感じたのですが、ちょっとした工夫で、暮らしは幾らでも変えられるような気がします。まずは自分自身の思い込みをなくして、どんな風に暮らしたいかを具体的に考えることで、思いも寄らずいい結果に繋がるようです。

階段にふたつある小窓から入る朝日を取り込めたらと思い、リビングに繋がるドアをガラス入りのものに。いつも頼りにしているオーダー家具店のイデアで作っていただきました。木目のシート仕様なので、手入れも簡単です。

たまにはジャケ買いするのもいい

わが家で日々使っている日用品は、これから先のことも考えて、夫婦どちらともが気軽に買って帰れるように、近所のスーパーやドラッグストアなど、身近なところで手に入るものの中から選ぶようにしています。それはこれからも変わりませんが、働き方の変化で家に居る時間が増えたこともあり、新しいわが家にちょっと気分が華やぐものをと、ジャケ買い気分でイソップのハンドソープとハンドクリームを買ってみることにしました。

家作りの参考のために、海外のインテリアの写真を見ていると、素敵なお宅の洗面所にはたいていこの茶色いボトルが置いてあって、これがあるだけでその場所の雰囲気が引き締まると感じていたことも、手に取った理由です。

ハンドソープは、ちょうどその頃、手を洗う機会が増えたこともあり、少量でも泡立ちがよくやさしい洗い上がりで、うれしいことに手荒れも和らぎました。ハンドクリームもポンプ式なのが気に入りました。ワンプッシュで使う分だけ出せるから、中身に直接触れることなく清潔に使えます。

とても使い心地がよかったので、イソップのヘアケア用品も試してみることに。毎年、夫が夏になると胸元に湿疹ができてしまい、病院通いをしていたのですが、どうやら汗と一緒に流れ落ちたシャンプーが原因だったようで、これを使い始めたら肌荒れしなくなりました。この茶色いボトルを浴室に置くと、キリッとした雰囲気になるのもいい感じです。

そして、近頃もうひとつジャケ買いしたのがラップケース。長年、ラップは通常のパッケージのままのほうが使いやすいと思っているのですが、たくさんの作り置きをしていると、つい濡れた手で触ってしまうから、アルコール消毒ができるよう、樹脂製のラップケースを探すことに。清潔に見えるよう白をセレクトしたことで、キッチンの引き出しを開けた時、まわりにも馴染んで見えます。

物選びは、その時々の気持ちを反映している気がします。今は心ときめくものが必要だったようで、家族にも高評価でしたので、ひとまずはジャケ買い成功だったのかなと思っています。

サニタリールームには茶色いボトルを

イソップのハンドソープは
見た目だけでなく、
香りもよくやさしい使い心地。
何度も手を洗うストレスを軽減できたことが
私にとっては何よりでした。

ラップケースは真っ白な樹脂製に

インターネット検索で見つけたラップケース。
使い終わったらアルコール消毒できて安心です。
食事の時間より早めに仕上がった料理には、
ふわりとラップをしておきます。

やさしい印象に見えそうな
生成りのニットで

クルーネックの生成りのニットに
黒い麻のスカートを合わせて。
顔映りが明るくなるからか、
穏やかな気持ちに戻れます。

定番の服を決めて

五年ほど前から家に居る時間がぐんと増えました。はじめの頃は、もう外には着ていけない昔の服を部屋着にして過ごしていたのですが、そうしているとあまり心地がよくないのです。そこで、家でも気持ちの切り替えができる服としてどんなものがよいか、あれこれ試してたどり着いたのが、薄手のスカートと七分袖のニットの組み合わせ。この服装だと、スカートの裾を広げて座れば、猫が足元を駆けまわっても怪我をしにくく、袖が短めのニットは、家事をする時に袖口が濡れることなく作業がしやすいのです。

朝、この服に着替えたら、エプロンをつけて家事を始めます。一段落したら、アクセサリーやストールなどの小物をプラスして仕事をしたり、近所の店まで買い物に出かけたり。夕方になったらまたエプロンをつけて、庭の手入れをしてから夜の家事をこなし、寒くなってきたらレギンスやカーディガンをプラスして、冷えないようにしています。そのようなルーティーンで普段の暮らしを続けてきたことで、この装いが、越してきた頃の家時間の定番になりました。

黒いニットで
気分も大人らしく

後ろボタンで七分袖の
黒いニットは、
つぎはぎやの
生成りの麻のスカートと。
この組み合わせが一番好きで
よく着ています。

日々、同じような着こなしなので、もしかしたらまわりの方から見たら、代わり映えがしないと思われているかもしれません。でも、それでいいと思うのです。私が見てきた素敵な女性の方々は、皆さんご自身の雰囲気や、見た目のシルエットに決まりごとがあるなと、いつも感じているからです。私もこの定番服なら、肩肘張らずにいられることを実感したので、おしゃれは自分のためにするものだから、自分の尺度で決めようと思います。

五十代になってから、好きな服より似合う服を選ぶようになりました。中でも紺や黒の服は、小柄な私でもシャープに見える気がして、取り入れることが多くなりました。ここ数年で自分や家族の今後のことなどを決断する機会が増えて、自分なりに後悔しない答えが出せるようにという、決意の表れなのかもしれません。

ただごくまれに、朝、やさしい気持ちになれなくて、夫の「今日は天気がいいね」という言葉に「そう？」と少し棘のある返事をしてしまうことがあります。そんな日に手に取るのは、白や生成りの服。鏡に映る自分の姿がほんのりやさしく見える気がするからか、服にあと押しされて気持ちの回復も早くなるようです。

今のおしゃれに必要なもの

服は定番の日常着を選び、あれこれ手にしなくなった分、小物やアクセサリーでおしゃれを楽しむようになりました。最近はリモートでの打ち合わせや原稿書きなどでほとんど家に居るので、気持ちを切り替えるスイッチとして、朝着替えたらネックレスとイヤリングを身につけるようにしています。そうすることで、同じ家時間でも、仕事とプライベートの区切りがつくのです。手を洗う機会が増えたので、ブレスレットやリングなど、手元のおしゃれをお休みしている分、今は顔まわりにアクセサリーをつけることが多くなりました。ふと鏡に映った時、アクセサリーがあると疲れている日でもちょっと元気に見えるから、すっきりと一日が始められそうです。

その中でも、毎日のようにつけているのがパールのアクセサリー。人目が気にならない生活を続けていると、私だけでしょうか、つい、行動ががさつになってしまうのです（笑）。普段の身のこなしが、外での立ち振る舞いにも現れると思うから、あまり緩くなり過ぎないよう、しとやかな感じのするパールの力を借りるようになりました。また、おしゃれした気分になりたい時は、印象的なイヤリングに頼ることも。アクセサリーを身につけると、自分のテンションまで変わるから、私の暮らしの必需品になっています。

それから、散歩をしたり、近所へ買い物に出かけたり、身近な場所へ出かける時は、布バッグを使っています。帰ってきたら、その日買い物に使ったエコバッグと一緒に洗濯かごへ。気軽に洗うことができるから、心地よく使えます。

これまで、部屋の中で履くスリッパも、清潔を優先して、使い捨てのものにしていました。それが先日、階段に慣れていないからか、足を踏み外してしまい……。ワンサイズなので夫にはやや小さく、私には大き過ぎて、お互い危なく感じていたので、それぞれの足に合うバブーシュにしてみることに。柔らかな羊革が足にフィットして、足の指も動かしやすく、階段の上り下りもスムーズ。お風呂上がりに履くと、足の裏に張りつくのが難点だったのですが、中敷代わりに半分に切ったペーパータオルを用意しておくことで、さらっとした履き心地になり、すんなり解決しました。

気軽に洗える
布バッグが定番

ちょっとした買い物には
布バッグで出かけます。
ミナ ペルホネンの
エッグバッグは
中身が見えづらい優れもの。

パールとシルバーの
ネックレスを重ねづけ

シルバーのネックレスは、
首元に馴染む華奢なものを。
チェーンが長めなら
深いVラインができるから、
首のつけ根が緩んできた分、
胸元がシャープに見えます。

髪を紫外線から
守るための帽子を

マチュアーハの
ボックスハットは、
被りが深めなので
ロングヘアでも
日差しを防ぐことができます。

足にフィットする
バブーシュに

夫と私、それぞれの足に
合うサイズを用意。
あえて汚れが目立つ白を選び、
汚れたらこまめに
ウェットティッシュで拭いて、
時折、革用クリームを塗ります。

捨てない選択

何年も前の服は部屋着として活用

外出時には着なくなった
丈が短めのワンピースやスカートも、
部屋の中では家事がしやすく重宝しています。
寒い時季はレッグウォーマーやレギンスを重ねれば
おしゃれをした気分にもなり、
植物の植え替えなど、庭の手入れをする時も暖かです。

今回、身軽に引っ越せるように少し荷物を減らせたらと思い、まずは一番量のある衣類から整理することにしました。もともと服が好きで、コラボで服を作らせていただくことも多いので、ずっと手をかけながら大事に着ていたものばかり。コートはしまう前にブラシをかけたあと、一日風を通してからクロゼットに。セーターは、なるべく折りじわができないよう、ふっくらとたたむようにしています。コットンやリネンの服を洗ったら、形を整えながらアイロンをかけるのも日課のひとつです。

日々の手入れが習慣になっているからか、なかなか古びず手放しにくいのですが、新居のクロゼットが以前のマンションほどの収納力がないため、引き出しに入れられる分だけ、ラックにかけられる分だけと決めて、残りはひとまず段ボールへ入れておくことにしました。

まとめてみると三箱ほどになりましたが、どれも好きなものなので、ただのごみにするのは忍びなく。もう似合わないと思う白い服や、甘めのワンピースなどは友人のお子さんに譲り、それが難しいものは区役所にある古着回収ボックスへ持って行きました。

また、この機会に靴もすべて見直してみたら、長年履いていていなかったものは、靴底のボンドが浮いてきたり、表面がべたついていたり。もう履けないと思うものの見分けがつきやすかったのもあって、思い切って処分することに。

引っ越し後も整理を続けていたら、着ないけれど手放せない服が、段ボール一箱分残りました。その箱を眺めながら、ふと「クロゼットをすっきりさせるためだけに減らす必要はないのかも」と思うように。ちょうどその頃、家時間が長くなったので、部屋着が欠かせなくなりましたし、庭で土いじりをしていると、汚れてもいい服が必要です。もう着ないと思っていた短めのスカートを復活させたら、まだ慣れていない階段の上り下りもスムーズで、裾が床につきにくいから家事もしやすく、清潔に着ることができました。

思いのほか、その段ボールの中身が重宝して、毛玉だらけになったり、膝が汚れたりするまで着倒すことに。自分なりに思う存分着たあとは、その生地を鍋つかみや玄関土間を拭くウエスに作り替えて。ユニクロのヒートテックなど目の細かい生地は、靴磨き用のクロスとして重宝しています。衝動買いはせず、長く使えるものをと手にしたものなので、無理に減らそうとはせずに、ただのごみにしない、捨てないというのも「ひとつの選択」だと思うのです。

小さな幸せを見つけたら声に出す

ちょっと気持ちが沈む日は、小さな幸せを見つけたら、声に出してみることにしています。洗濯をしていてしみが落ちたら、「また気持ちよく着られそう」。小腹がすいて何か作ろうと思った時に、コンソメがひとつ残っていたら、「あ、このコンソメで、何を作ろう」。自分の声でも明るい声が耳から入ってくると、安心感に包まれるのか、段々と気持ちがほぐれて不思議と元気になるのです。

また、声だけでなく、自分の所作ひとつでもさらに気持ちは復活してくるので、落ち込んだ時こそ、ゆっくり丁寧にグラスを拭くとか、掃除も慌てず細やかにブラシをかけるとか意識しながら、手を動かすようにしています。自分の手先を見ているだけでも、今、落ち着いて行動できていると実感するからか、すっと穏やかな状態に戻れるのです。そうして自分に暗示をかけながら、気持ちをリセットすることができると、会話に笑顔が増え、まわりも和んで雰囲気が明るくなるようです。

家族と一緒にいる時も、パンがこんがり焼けたら「いい香りだね」、玄関先に小さな花を見つけたら「かわいい花が咲いているよ」。心の中で思うだけだと、すぐに忘れてしまうようなことも、声に出して伝えるとお互いなんとなく記憶に残るから、何気ない幸せも共有している気持ちになります。

まわりにいる方にも、小さな幸せを見つけたら声に出して伝えると、些細なことでも会話が弾み、幸せな瞬間が増えていくと思います。慌ただしくしていると、近くにある幸せのかけらに気づけないことも多いから、せっかく気づいた時はちょっと声に出してみる。自分で認識することで幸せ感が増すようで、そんな小さな積み重ねが、ご機嫌な日々を生むのです。

残っていたコンソメでスープを作れる幸せ

買い物に行く回数が減ったことで、食材の買い置きを切らしてしまうことが多くなりました。全部使ってしまったと思っていた固形コンソメが、思いがけず残っているのを見つけた時は、思わず声を上げてしまいました。

庭の手入れの最中小さな花を見つけて

毎日手入れしているからこそ草花の小さな変化を見つけると、うれしいもの。「こんなところに花が咲いた」と声に出して喜びをかみしめます。

心地よく暮らすということ

住み慣れたマンションから、中古の一軒家に住み替えたこともあって、これからの暮らし方について考えるきっかけがたくさんありました。越してきてすぐの頃は、ステイホームという今まで経験したことのない環境の中、夫も私も自宅待機でしたので、家作りについてお互いの意見を交わしたり、こんな時期だからこそ、将来の夢を語り合ったり。私にとっては、人生の大切なことを見直す充実した時間にもなりました。

引っ越し後も住みながら家の改装を続けていたので、住まいにまつわる様々な選択に追われながら、ふと考えたのが「心地よく暮らすってなんだろう」ということ。好きな場所で暮らす、掃除が行き届いている、部屋が片づいている……など、目に見えて感じる気持ちのよさも大事だけれど、もしかしたら、日々、穏やかな状態でいられるよう工夫しておくことが、これからの人生には必要かもしれないと思うようになりました。

心の中に解消されない気がかりなことがあると、何も手につかず不安を先取りしてしまいます。胸にわだかまりを残すと、不満が募って、暮らしも楽しめなくなります。そんな毎日ではもったいないから、家がなかなか消えない心

いつも穏やかで
いられるよう工夫して

部屋の掃除の合間に、
好きな本を広げてひと休み。
心をふっと緩めるための場所を
家の中にたくさん
用意しておこうと思っています。

のささくれを癒せる場所であったら、これからの日々を豊かにしてくれる気がするのです。

悩みごとがあったり、辛いことがあったりした日でも、話しやすい空間であれば気持ちもほぐれて、お互いの言葉に耳を傾けられるかもしれません。家族で美味しいねと言いながら食事ができれば、少し気が楽になります。テレビを観ながら笑い合ったり、時には喧嘩もしたり。疲れている日は、静かに落ち着いて休める場所が用意されていたら、心も体もリセットできそうです。

そのためには、小さなことが負担にならない生活も必要です。食事は毎日のことだから、さっと支度ができるよう動線作りをしておこう。収納は探さなくても一見してわかるようなしまい方を考えよう。掃除や洗濯は、歳を重ねても自然と体が動くような習慣作りを目指そう。心から楽しめるような、家族にも私にも安らぐわが家であったなら、この先も笑顔で過ごす時間を幸せに紡いでいける気がします。

そんなことをあれこれと考えながら、柔らかな心でいることも大切だと思いました。私はつい、せかせかと物事を進めてしまいがちなので、疲れた時には少し立ち止まって自分をいたわる時間も作れたらと思うのです。

小さなおやつの楽しみ

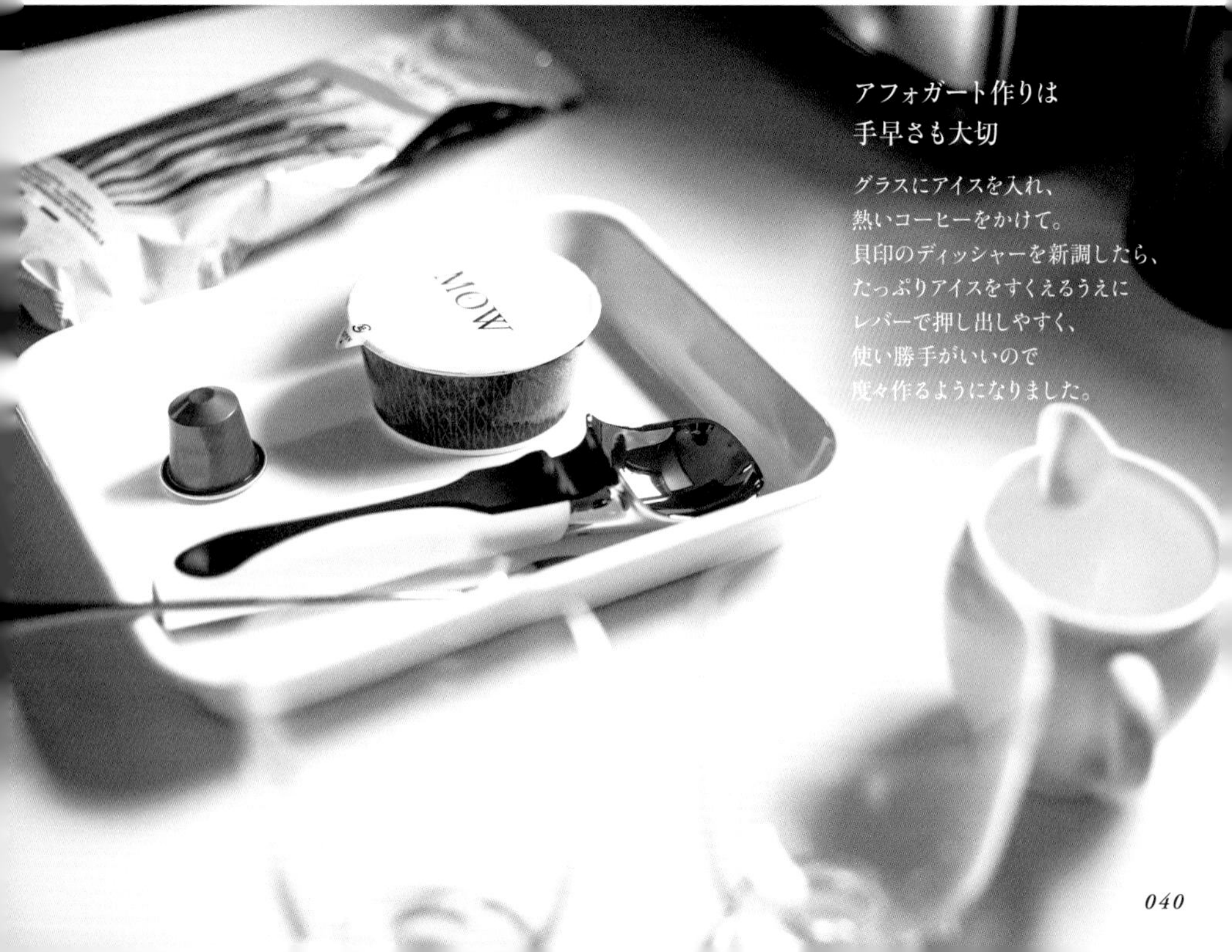

アフォガート作りは手早さも大切

グラスにアイスを入れ、
熱いコーヒーをかけて。
貝印のディッシャーを新調したら、
たっぷりアイスをすくえるうえに
レバーで押し出しやすく、
使い勝手がいいので
度々作るようになりました。

ここに越してすぐの頃、夫も二か月間ほど在宅勤務の時期がありました。結婚してから、ふたりで過ごすまとまったお休みはお正月くらいしかなかったので、はじめて長期休暇をもらったようで、とても新鮮に感じました。

毎日、夫は窓辺のカウンター、私はリビングのテーブルで黙々と仕事をしていたのですが、人生の休息ともいえるそんな時に、気晴らしになったのが、小さなおやつを添えたお茶の時間です。普段から家でのおやつは、とっておきのものというよりは、親しみのあるものばかり。買い置きしているものも多く、その中から今日食べたいものを選んで、いただくようにしています。

この時期は特に、まめに買い物に行くことはできなかったから、普段から買い置きしている冷凍フルーツや缶詰など日持ちするものに、何かをプラスαするだけ。ウキウキとした気分も楽しめたら思い、日々器を変えながら、ちょっと見た目がいいおやつを目指して、いつも用意していました。

どれも短時間で手軽に作れるものなので、食べる時はもちろん、作っている間もいい気分転換に。きれいに盛りつけられると気持ちも上がるから、次に取りかかる仕事や家事のやる気にも繋がりました。

夫からの一番人気はあんみつで、添えるフルーツを変えたり、抹茶のアイスクリームを添えてクリームあんみつにしてみたり。その時々でグラスの色を変えて、飽きないよう工夫しました。使うのは、ゆであずきやフルーツの缶詰とアイスクリームだけなので、どれも長期保存ができるから、たくさん買い置きしておけます。

バニラアイスクリームにコーヒーをかけたアフォガートは、テレビコマーシャルで見かけて無性に食べたくなったもの。ブラックチョコレートをピーラーで削ってアイスにのせると、フレーバーコーヒーのような味わいになり、風味が増します。また、ちょっと食べ応えが欲しくて、ストックしていたグリッシーニを手で折ってグラスの底に入れてみたら、カリカリとした食感がよく、やみつきになりました。

ずっと家で仕事をしていると、ひとりで考えたり進めたりすることが多くなるからか、新たなインプットの機会が少なくなってしまい、ふと不安な気持ちに引き寄せられてしまうことがあります。そんな時に美味しいものを口にすると、マイナスな気持ちも軽減されるので、これからも家族で過ごすおやつの時間を大事にしたいと思います。

あんみつ

スガハラのデュオシリーズのグラスに盛りつけて。
おやつなので、これくらいの量がちょうどよくて、
見目麗しいグラスを使うと、気持ちも潤います。

チョコパイ

冷蔵庫に常備している市販のチョコパイに、冷凍ミックスベリーを添えて。
上にのせるベリーに蜂蜜やメープルシロップをつけておくと
ころころと転がらず、つやも出てきれいに盛りつけることができます。

クロワッサン

オイシックスで定期的に、成形済みの冷凍パン生地を幾つか注文し、
パンが食べたくなったら焼くことにしています。この日はクロワッサン。
解凍してオーブンに入れるだけで、焼き立てを味わえるから重宝しています。

そばがき

小腹がすいた時はそばがきを作り、そばつゆをたらしていただきます。
常備しているそば粉を焦げる寸前まで乾煎りしてから
ぬるま湯を加えて手早く練ると、風味よく仕上がるようです。

フラットに戻る方法を用意しておく

先日、夫の引き出しの中が乱雑で、洗濯したものをどこにしまえばいいのかわからず、「わからないからここに置いておくね」と伝えたら「あとでやる」とぶっきらぼうに言われて、「もういい、私がやる」と言ってしまったことがありました。すぐに「もういい、じゃないでしょ」と心の中で自分に突っ込みを入れたのですが（笑）、最近、お互いに頑固になってきているような気がします。

歳を重ねると脳が衰えて頑固になりやすいと聞いたことがありますす。とうとうその波がわが家にも押し寄せてきたのかなと思いつつも、まわりに人が居る時はまだ自制心が働くのか、その頑固さは出てきません。身近な人には甘えがあるのか、つい頑なになってしまうのです。

気づいたらすぐに伝えようと決めている「ありがとう」と「ごめんなさい」も、ここのところ、口に出すまで多少の時間がかかるようになりました。そんな時は、なるべく早く素直になれるよう、自分の気持ちをフラットな状態に戻しておくことが大切です。そのためにいつもしているのが、常備菜作りと庭仕事。このふたつは家事の中でも好きなうえに、無心になれるのがいいところ。掃除は、つい他のことを考えながらしてしまうこともあるけれど、料理は段取りが大切だったり、庭の手入れは植物の様子をよく観察しながら作業をしたりするからか、そのことだけに集中できるのです。

一、二時間、心を落ち着かせて手を動かしたら、私の寛容力の低下もおさまるのか「さっきはごめんね」とすんなり言えるようになります。

頑固な人といつも穏やかな人の差は、何かが起こった時に負の感情ですぐに反応して返すのか、一度落ち着いて物事を捉え、相手の立場になって接することができるのかの違いのような気がします。心の柔軟さがない時は、つい棘のある言葉で返してしまうから、いつも温厚でいるためには、まずは自分が落ち着いて冷静になる、そんな時間も必要です。

これから先、もっと融通がきかない人になってしまわないよう、脳が頑なさを記憶しないうちに、無心になれる小さなきっかけを幾つか見つけておいて、いつもフラットな自分に戻しておこうと思います。

無心で庭の手入れ

黙々と庭の掃除をしていると、
あっという間に
二時間ほど経ってしまいます。
気持ちをリセットできる
そんな時間が、
笑顔に戻るための
心の栄養にもなるのです。

心配性でよかった

何かをしようとすると、つい先まわりして心配なことを幾つも思い浮かべてしまいます。頭の中に気になることがあるとなかなか眠れず睡眠時間が減ってしまったり、納得がいく方法が見つかるまで、ずっと心の中がざわついていたり。そんな性格が大人らしくないように感じて、ずっと変わりたいと思っていたのですが、最近はその心配性な性格も、そう悪くないかもと捉えるようになりました。

長らく続いた新しい生活様式の中でも、面倒くさがらずに手を洗おうと思えたし、愛猫そらがまだ小さいので、埃を家に持ち込まないよう、夫が仕事から帰ってきてシャワーを浴びている間に、率先して埃を取ったり、床を磨いたり。洗濯も干す場所が少なくなり毎日するようになったので、部屋がいつもすっきり整って、心穏やかに過ごせるのです。

先日、大きな台風が来ると聞いた時は、それぞれ

朝、慌てないための工夫

外出時、必ずバッグに入れるお財布や鍵、ティッシュはすべて、引き出しにひとまとめに。
こうしておけば、出かける前も慌てずに支度ができ、心配の種がひとつ減ります。

の親に電話をしたり、友人にはちゃんと買い物に行けたかどうかの確認をしたり。そんなことをしているうちに、もしかしたら心配することと思いやりは、表裏一体なのではと、ふと思ったのです。

仕事の荷物が多いのも、その中のどれかが何かの役に立つかもしれないと思うから。愛猫をいつも注意深く見ているのも、体調の変化にすぐに気づくことができるように。家作りでいろいろ悩んだのも、家族が安心して暮らせる空間にしたいと願うから。そう考えると、心配することも無駄ではないと思うように。いろいろなことを察知しやすい分、人の気持ちにも寄り添えるような気がします。

欠点だと思っていたことを、いいことと捉えるか、悪い癖だから直そうと思うのか。自分で自分を肯定できるかどうかで、日々の心持ちが違ってくることに気づきました。これから先も私は私でしかないから、もっと自分を好きになろうと思います。ずっと欠点だと思っていたことが長所だと思えるようになったのは、歳を重ねてよかったことのひとつです。

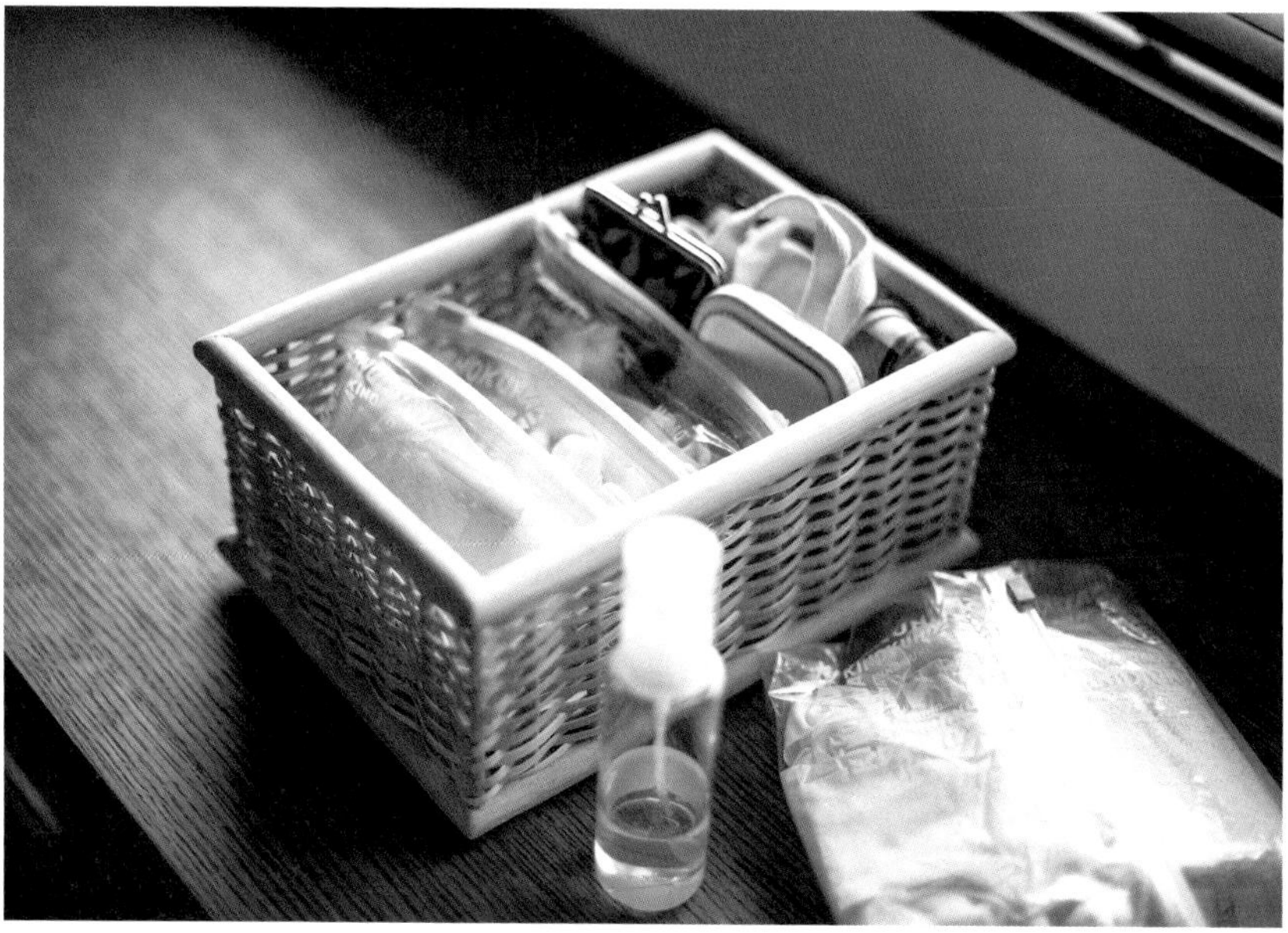

仕事の道具は、かごの中に用意しておく

撮影の仕事でよく使うフェイスカバーやアイロン用スムーザーなどは、あらかじめかごに整理して。「あれがあればよかったのに」と思うことのないよう、その日必要なものを取り出して出かけます。

過ごしやすく整えることの大切さ

いつも目につくところにキャンドルを灯して

フラワーベースとしても使える
キャンドルホルダーは、
薄いガラスからこぼれる灯りが
とても美しくて、
ずっと眺めていたくなります。

心穏やかになる音楽を

YouTube のBGMチャンネルでジャズをよく聞いています。雨の日はレインミュージックの中から選ぶと表示される画面の写真にも癒されます。

これまで私は、怒りとイライラだけは持続しない性格だと自負していました。今でも怒りはすぐに忘れてしまうのですが、ここのところ、ちょっとしたことでイライラしてしまうのです。

大人げないなあと自覚しながら、そんな風になってしまう原因には心当たりがあります。それは、住み替えをしたこともあって、まだ思うように暮らしが整っていないから。特に引っ越した直後は、どこに目当てのものが入っているのかわからず、積み重なった段ボールを動かしながら開けたり閉じたり。新しいことに順応する力が鈍くなってきているのか、普段の家事にも時間がかかります。そのようにイライラの理由はいろいろですが、過ごしやすい場所作りができていなかったからだと思います。

自分では普段通り明るく過ごしていたつもりなのですが、思い返してみるとそうではなかった気もします。好きな音楽を聞きながら家事をしたり、キャンドルを灯してほっとひと息ついたり、こんなことすら忘れていたようです。きっと暮らしを純粋に楽しむことができていなかったのでしょうね。イライラの本当の原因は、自分の気持ちの持ちようだと気づいたから、朗らかな心で、安心して身を置ける住まいを作っていこうと決めました。

私の生涯の目標は、「家族と幸せに暮らすこと」。その時々で、過ごしやすさの基準は変わってくると思いますが、日々アップデートを繰り返しながら、暮らしを整えておくことができたら、これからも幸せな日常が続くのだと思っています。

お互い頼り過ぎずに暮らせるように

以前から夫とは、お互いに何があっても大丈夫なように、暮らしにまつわることを、分担したり共有したりしています。長年続けている成果もあって、家事もある程度は分け合えるようになりました。

今回、生活する場が変わり、これまでとは少し違う環境での暮らし方に更新したばかりですが、家事はなんとなく住み分けができるようになってきています。料理はまだ私がしていますが、今後、歳を重ねて作れなくなることがあるかもしれないから、ちょっとしたものは夫が自分で作れるよう、少しずつ準備をしています。今回キッチンを改装する際にも、夫が使いやすいよう、以前のものより天板までの高さを五センチ高くしました。

夕方の家事は、植木に水をあげたり、入浴の準備をしたり、食事の支度をしたりと何かと慌ただしいもの。そんな中、夫も時間のある時は、乾いた洗濯物を取り込んでたたんでくれます。埃を家に持ち込まないよう、掃除は夫が帰宅してからするようになったため、ひとつふたつ担当してもらうだけでも、十分楽になりました。外出自粛期間は、私たちにとって、新しい生活を支度する、手習い期間になったように思います。

名もなき家事を含めると、日々やることは山ほどあって、正直「私がほとんどやっているな」と思うこともあります。でも、そのうちのひとつをやってもらったら、自分がひとつやらずに済むと考えたら、とてもうれしいこと。「ありがとう」と、感謝の気持ちを伝えるのを忘れないようにしています。

この度の家のローンや保険の内容も、きちんとふたりで把握するようにしました。共に補い合いながら、役所への届け出など様々なことを経験したことで、生活全般において学ぶことができ、最近はお互いに頼り過ぎることもなくなってきたような気がします。

近隣の方との関わりも変わりました。引っ越し後、町内会に加入をしたら、すぐにごみ当番がまわってきました。そのひと月の間はふたりで分担しながら、掃除をしに出かけたり、ごみにかける網を片づけたり。お互いが新たな仕組みを体験しておくことで、この先、何かあった時に戸惑うことが、ひとつ減ったように思います。

また、防災のことも考えて、新居の周辺を隈なく散策してみました。どんな場所に何があるのか、この道を通るとどこに出るのか。この地域の防災機能や身近な公園が指定避難場所になっているかどうかの確認もしました。あらかじめ知っておくことで、いざという時に役立つと思うから、何か起きても慌てずに、心の準備ができそうです。

ごみ当番もふたりで分担して

今後は夫婦同士だけでなく、近所の方々とも
助け合って暮らしていくことになるはず。
夫も、ごみ当番や公園清掃などの町内会の行事に
率先して関わってくれています。

新しい家族を迎えて

そらという名の家族

とても大切な存在だったクリムが亡くなり、
静かだったわが家に子猫がやってきました。親とはぐれて、
バイパス沿いの歩道にポツンと座っていたという、そら。
我慢強く、やんちゃで、とても愛くるしい女の子です。

電気コードでも何でも噛んでしまうので、このCDプレイヤーも今はコードを外していて、お飾りになっています。

こんなに小さいのに、トイレは一日目から決めた場所できちんとできました。

わが家に新しい家族が増えました。きっかけは、大好きだった愛猫クリムが亡くなって八か月ほどが経った頃のこと。保護活動をしている友人から「今、小さな猫を保護したんだけど、預からない?」と連絡があったのです。まだ五百グラム弱の小さな子猫だと聞いたのと、数年間にわたるクリムの闘病生活を思い返すと、この先ずっと責任を持って育てられるだろうかと考えてしまい、一度は「ごめんね」と断りました。でも、その日からその子のことがすごく気になって……。二週間ほどよく考えてから、わが家に迎えることにしました。

生後二か月ほどのその女の子には、私がよく眺めていて一番好きな「そら」という名前をつけました。これまで三十年ほど猫と暮らしてきましたが、そらはその常識が全く通じない存在。水は食器からではなくシンクにできた水たまりから飲むし、野菜を洗って床にポタッと落ちた水や、洗った食器についている水滴もなめます。こちらが美味しそうと思って用意したごはんにはそっぽを向き、ティッシュを掘ってそこらじゅう紙だらけにすることも。そうかと思うと、せみの鳴き声がすると、「大丈夫、大丈夫」となだめても、まわりをキョロキョロ見渡しながら大きな声で鳴き、不安そうな表情を浮かべます。もしかしたら、外猫として過ごしていた時期に、

窓の外を眺めるのが好き。わが家にやってくる前の時期のことを思い出すのでしょうか。

おもちゃのトンボを待ち構えているところ。どれだけ遊んでも飽きないから、こちらのほうが疲れてしまうことも。

怖い思いをしたのかもしれません。

わが家にやってきた最初の十日ほどは、そらのことを最優先にして「あなたは愛されているよ」ということを伝えようと思いました。初めの二日間は怖がって、ソファの下から全く出てこなかったので、夜は私もソファの下に潜り込んで、少しだけ離れて寝ました。昼間も時間の許す限り、そばで過ごすことに。すると三日目の夜中、寝ている私の手のひらに顔を置いてくれたのです。「ああ、もうこれで大丈夫」と思い、うれしくなりました。直前まで一時預かりをしてくださっていた方が、愛情を持って接してくださったようで、そらの心がそんなに時間を要することなくほぐれたのも、その方のおかげだと思っています。

段々慣れてくると、ソファに横になっていたら、私のおなかの上で寝てしまったり、ごはんを食べていたら、夫の肩にのって食卓の様子を見ていたりと、そんなひとつひとつの仕草がうれしくて。仕事中、膝にちょこんとのってきた時は「ここにのってくれるんだ」と、とても感動しました。今の私たちの年齢から考えると、最後までちゃんと責任を持って見守ることのできる最後の猫だと思うので、「どっぷり甘えていいんだよ」と伝えながら、大事に育てようと思っています。

二章　住まい

リビングファーストにした理由

一日のほとんどの時間を過ごすリビング。生活の中心であり、家族はもちろん、友人とも一緒に過ごしたり話したりしながら心を通わせる場所です。住み替えた一軒家はちょうど築十年目に差しかかる頃で、家屋調査をしていただいたので、改修が必要な部分がわかり、予算のかけどころも明確になりました。それで、節約するところと予算をかけるところを見極めながら、リフォームをする際には「リビングファースト」という思いを軸に、部屋作りをしようと決めました。

わが家にとってはキッチンもリビングの一部だと思っているから、仕切りを作らずに全体が見渡せる、シンプルな四角い空間にすることに。将来、暮らし方が変わっても、どんな風にでも変化させることのできるリビングにしておこうと思ったからです。

北向きの大きな窓からは桜の木が見えて、西向きの窓から

家具は買い替えず、新しい家に馴染ませて

居る時間の一番長いリビングに、好きな家具を集めました。
ソファに座ると、今回新調したイケアの丸い鏡越しに映る窓の外の緑から、
季節の移り変わりを感じることができます。

は近隣の木々を視界に取り込むことができます。そんな緑あふれる景色が日常を豊かにしてくれると思い、窓辺に家具を置くのをやめました。その代わり、外を眺められる大きな窓の下にカウンターを作ったので、家事や仕事の合間にここに座って外を眺めながらお茶をしたり、本を読んだりして和んでいます。

また、床材選びも、家全体の印象を考えてというより、リビングの家具や空間に合うもの、というのを基準にしました。もう少し落ち着いた色の床材にしようかとも考えましたが、二階はすべて腰窓なので、気持ちよく光がまわるように、明るめのオーク材を選びました。雨で少し暗く感じる日も、ダウンライトをつけるだけで、十分明るい気がします。十二年前から育てているウンベラータも、この家に来てから驚くほど大きくなったので、私たちと同じように気持ちよく過ごせているようです。

これからこの場所で、遅くまで仕事をしたり、風邪をひいて寝込んだり、喧嘩をすることもあるかもしれません。それも生活の一部だと思うから、変わりゆく日々の中で、どんな時でもこのリビングが、家族の心を解きほぐす場所であればいいと思うのです。

少し新鮮に見えるソファまわり

長年、共に過ごしてきた家具も、
置く空間が変わるだけで印象が変わります。
使い慣れた家具に囲まれながら
この家での暮らしをスタートさせました。

窓辺にしつらえた
カウンターテーブル

リビング奥のカウンターは、
下に置くキャビネットが
きれいに収まる高さで
造りつけていただきました。
右端の一部分のみ
デスクとして使えるよう
奥行きを広くとっています。

キッチン棚も
癒しの空間に

わが家はキッチンも
リビングと同じ空間にあるので、
オープン棚は見せる収納に。
マリメッコのポットや
ジョージ ジェンセンの
ブレッドバスケットを並べて。

窓辺には小さな花を
欠かさずに

部屋の中でも自然を感じることが
できるよう、光が差し込む窓辺に
草花をしつらえます。
外に緑が少なくなる冬は特に、
この小さな存在が
気持ちを緩めてくれます。

体にやさしい家を目標に

**玄関の三和土《たたき》には
機能と雰囲気を併せ持つ床材を**

外から花粉を持ち込みやすい玄関の床には、
リクシルのアレルピュアを採用。
コンテⅡというシリーズの
グレイッシュな色合いのものを選びました。
家に入る前に花粉を払い落とせば、
床材が環境アレルゲンの働きを抑制してくれます。

幼い頃からアレルギー体質で、二十七年前、マンションを購入した時に、シックハウス症候群になりました。新築だったので化学物質が揮発するまでの一年半ほどは、めまいがしたり、毎日戻したり。そんな経験をしたこともあって、マンションを十年ほど前にリノベーションした際は、ほとんどの素材を自然由来のものにしました。

一番広い面積を占める壁材は特に気にかけていたので、じっくり調べ、最終的に選んだのが珪藻土。体にやさしいだけでなく、質感や雰囲気もとても好きでしたので、今回、改装した家でも珪藻土を塗ろうと思っていたところ、木造住宅は地震の時、ほどよく変形しながら力を逃がす構造になっているため、珪藻土だとひびが入ってしまう可能性があると聞

心地よく眠るため
湿度をほどよく保とうとする壁材に

調湿性能が優れているだけでなく、インテリアに合わせて色や柄を選べるのも、エコカラットプラスのいいところ。寝室の壁には、焼き物のような表情のつちのはというシリーズを。淡いグレーとブラウンが混ざり合ったような色合いで、空間に暖かみが増しました。

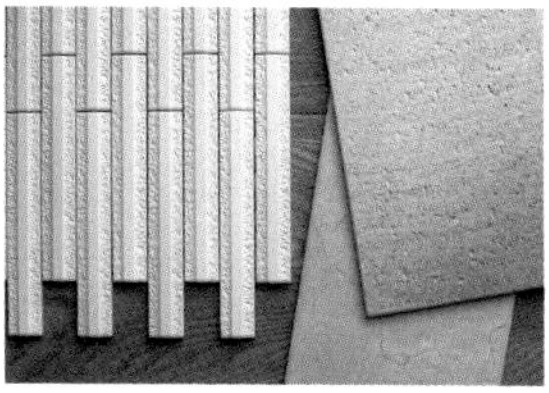

余った分は、靴箱の中や壁づけ棚のまわり、食材ストックの下など、湿気が気になる場所で活用。たっぷり吸湿したあとは、天日干しすると効果が戻るそう。

いて、他の選択肢を考えることにしました。

候補に挙がったのは、同じく天然素材をベースに作られた、リクシルのエコカラットプラスという壁材。以前、依頼を受けてインテリアコーディネートの仕事をした際、タイルの代わりや壁のアクセントとして、何度か取り入れたことがありました。改めて調べてみると、調湿や有害物質を吸着する性能があり、私が求めていたものとぴったりでした。

壁の一部分にアクセント的に取り入れるため、部屋全体に珪藻土を塗るよりも、気負いなく取り入れられました。そのうえ、部屋ごとに違う種類のものを選べば、それぞれの印象も変えられます。珪藻土が使えなかったことが幸いして、今回のリフォームでは、この壁材がインテリアのベースになってくれたようです。

模様や形など、様々な種類があるので、ショールームを巡り、まずはどの場所にどれを張るかを検討。一日のほとんどの時間を過ごすリビングと寝室、湿気が気になる北側の玄関や廊下、そして臭いの吸着効果を期待して、トイレの壁に張ることに決めました。

北側の玄関は、入居前の数か月閉め切っていたので、少しかび臭く感じたこともあり、ドアの正面と廊下の壁にエコカラットプラスを。また、玄関の三和土には、花粉などの環境アレルゲンの働きを抑える、アレルピュアというタイル建材を使うことに。機能面はもちろん、質感や色合いも好み。壁と床のラインを合わせて張ったので、雰囲気のいい空間になったように思います。

もともと予定していなかった寝室にも取り入れたのは、ある時、この部屋の外壁に緑のかびを見つけてしまったから。日当たりのせいか風通りのせいなのか、ここの壁に湿気がこもりやすいのかもしれないと思い、気持ちよく就寝できるようになればと、張ることにしました。

それぞれの空間に合う色や形のものを考えながらセレクトしたことで、健康的に過ごす工夫と、インテリアとしての雰囲気作りの両方を叶えられた気がして、家に居る時間がとても心地よく感じられます。部屋での使用条件や換気によっても効果が違ってくるそうなので、できるだけ空気を入れ替えるようにしようと思います。

この先、体と心の健やかさは今まで以上に大事になってくると思うから、健康寿命を延ばすためにも、自分で手をかけて工夫できることがあるならば、これからも取り入れていこうと考えています。

玄関

日が入る時間の短い北向きの玄関には、調湿性能により、結露やかびを防いでくれることを期待して、正面の壁全面に、淡いグレーの無地を張りました。

トイレ

生成りの色合いのものを大小組み合わせて張ることで、無機質な空間がやさしい印象に。ほっとできる場所になったと思います。

廊下

すっきりとしたデザインのものを縦に使ったら、シャープさがプラスされ、以前、北欧を訪れた時に見た家の壁に似た雰囲気になり、とても気に入っています。

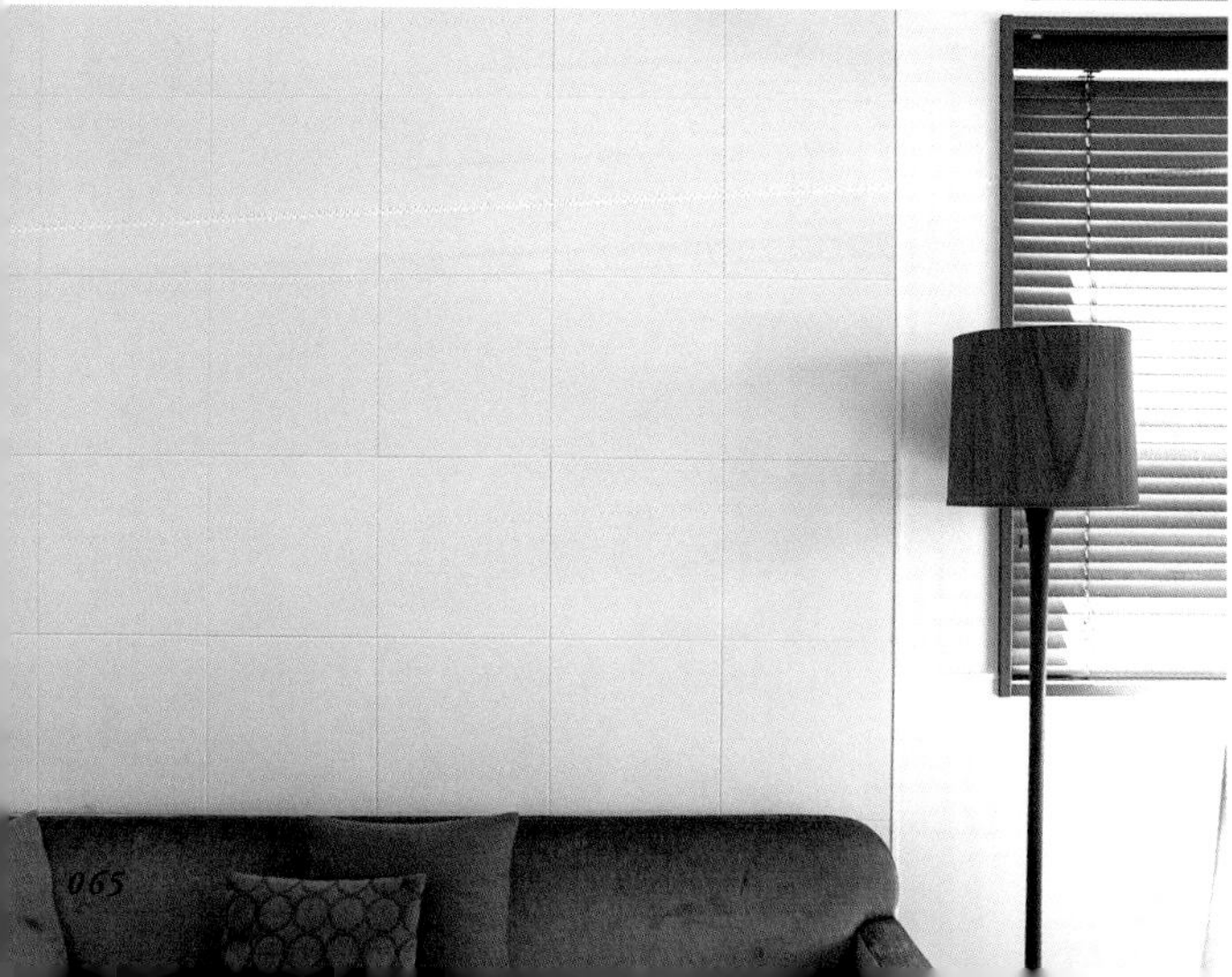

リビング

キッチンとひと続きの空間なので、清潔感のある白を張って、空間の繋がりを感じられるように。今後、置く家具が変わっても馴染むよう、シンプルな形のものを選びました。

玄関は居心地のいい場所に

今の家の玄関先には、緑に囲まれた短いアプローチがあります。ふとそこを通りながら、この小道を気持ちよく歩いて帰ってきたら、玄関の中もその気分が続くような空間にできたらと思い、リフォームの参考資料としてインターネットで、好きな雰囲気の玄関の画像を集めてみました。選んだ写真を並べてみたら、風が通り抜けるような、幸せが感じられる玄関ばかり。こういう玄関になればと思いながら、内装を決めていきました。

もともと玄関収納は、以前のマンションと全く同じ靴収納を造りつけようと考えていました。「ここは傘立てで、隣には靴を入れて。工具箱とペンキ入れの場所も確保して、あっ、掃除道具もしまわないと……」と、いかに効率よく収納することしか頭になくて、玄関というより、大きな収納場所として捉えていたように思います。

玄関は、「行ってらっしゃい」や「ただいま」を言ったり、受け取ったりするところ。私も毎朝、心の中で「今日も元気で帰ってきますように」と言いながら、夫を送り出しています。そんな大切な場所なのに、何だか物に縛られている気がして、あまり居心地がよくないことにも気づきました。

そこで靴箱は、天井まである大きなものではなく、圧迫感のないローカウンタータイプを選びました。北向きの玄関なので、湿気が多いことと、マンションの時とは違い、砂や小さな虫が入ってくるので、掃除がしやすいよう、床から浮かせる形で設置。これにより、さらに空間がすっきりと見え、風通しもよくなった気がします。よく履く靴だけをここにしまい、他はクロゼットルームの棚にまとめることにしました。

靴箱の上部に空間が生まれたことで、ずっと飾りたかった絵を置いたり、季節の草花をしつらえたりと、ひとつの部屋としても楽しむことができるように。もともとダウンライトひとつだった灯りは、少し明るさを足すために、ペンダントライトをひとつ増設。靴を履く時に使えるよう、小さな椅子も置きました。

朝、夫が出かける時や帰ってきた時は、家事や仕事の手を止めて必ず玄関へ行って声をかけるのを、結婚当初から続けています。玄関は家の顔だと思うから、笑顔で迎える場所作りができたらと思うのです。

家の顔でもある玄関は光を感じられる空間に

光が明るく反射するよう
白い靴箱を選び、
その上は、枝物や雑貨を
しつらえるスペースに。
この家に飾ることを
心待ちにしていた絵画が映える
居心地のいい空間になりました。

キッチンには、平田タイルのエクストリームレクタングルという、幅の違う三種類のタイルを組み合わせて貼りました。タイルの間を埋める目地材も、同じくグレーを選ぶと統一感が出るようです。

水まわりにはタイルを選んで

以前、住んでいたマンションを改装する前は、水まわりの壁にも部屋と同じ壁紙を貼っていて、水はねによる黄ばみが目立ったり、湿気がこもる洗濯機の裏側にかびが生えてしまったり。手入れも大変だったので、その後のリフォームでタイル貼りに変えたところ、雰囲気がいいうえに掃除もしやすく、思った以上に気持ちよく使えました。そこでこの度の家作りでも、キッチンやサニタリーなどの水まわりは、タイル貼りにしようと決めていました。

以前、インテリアコーディネートの仕事でタイル選びをした時に、好みのものがたくさんあり、印象深く覚えていた平田タイルのカタログを、今回も取り寄せました。気になるものに印をつけてから、実物を確認しにショールームを訪れたところ、パターン貼りができるシンプルなグレーの輸入タイルに一目惚れ。床にも使えるシリーズのものだったので少し重く、壁に貼るには下地

洗面台のまわりには、浴室にも貼ることができるレシピという、マットな質感の白いタイルをセレクト。私も夫も「手を洗ったあとの十秒で、きれいさをキープ」と思い、使う度に水はねを拭くことが習慣になっています。

をきちんと作る必要があり、施工の工程は増えてしまいましたが、目地を入れる隙間を少なくして貼ってもらったことで、シックで落ち着いた印象に。ひと続きになっているリビングのインテリアとの繋がりも感じられ、調和がとれた気がします。

実際に暮らしてみると、キッチンで水や油がはねても、さっと拭くだけで汚れも落ちるから手入れがしやすく、しみにもなりにくいようです。

洗面台まわりの壁にも白いタイルを貼りました。清潔感のあるつや消しの縦長タイルは、縦にも横にも貼れる形だったので、以前北欧で同じようなタイルを見かけて、縦に流れるラインがきれいだなと感じていたこともあり、縦向きで貼ることにしました。

タイルは実用性が高いだけでなく、貼るだけで空間全体の印象が変わって、生活感をほどよく抑える役割も果たしてくれる気がします。水まわりは毎日欠かさず使う場所だから、手入れがしやすい素材を選ぶことが何より大事。そしてふと目に入った時に気分が上がるよう、本当に好きなものにすることも、長く使い続けるためには、大切なことだと思います。

上の棚に置くものは、まだ考え中。下の扉は、右ふたつが両開き。もともとはプリンターなどを収納する予定でしたが中も美しく仕上げていただきもったいない気がしたので、好きな北欧のかごを並べて、キャンドルのストックやペーパータオルを入れています。左の扉には、愛猫そらのケアグッズやおもちゃを。

プロの手仕事をリビングに

わが家のリビングには備えつけの収納がないので、新たに棚を置きたいと考えていました。本をはじめ、大きな花瓶や裁縫箱などもしまえるような、そんな場所があればと思ったのです。大きい家具は、部屋のサイズに合わせたほうが圧迫感なく空間もすっきり見えるから、以前のリフォームの際もお世話になった、オーダー家具店のイデアで、今回も作っていただくことにしました。

高さや幅、デザインは、使い勝手やまわりのインテリアとの調和を考えて、家具職人さんと相談しながら決めていきます。本には、埃や紙ダニがつきやすいので、手入れをしやすいようメラミン化粧板仕様にしてもらうことに。色は、ニュアンスのある色合いが気に入っていた北欧のポットと同じグレーを選びました。オーダー家具は、見本がない分、仕上がりが想像しにくく、どんな感じになるのだろうと待ちわびて。数か月後、とても素敵な棚が届き、想像以上の仕上がりでした。

さらに感動したのが、棚の取りつけ作業。壁の歪みなの

木の色をデザインのポイントに

木口部分には無垢材を貼り、
水にも強いウレタン塗装仕上げに。
シックなアクセントになりました。

棚の色の参考にした北欧デザインのポット

ずっと眺めていたくなるような
棚にしたかったから、
色合いが好きで愛用している
ステルトンのポットと
ほぼ同色のシートを探して、
貼っていただきました。

かぴったり沿わない箇所があり、カンナで一ミリ削っては入れ、また削っては入れ……と手間を惜しまず微調整を繰り返しながら設置してくださいました。

窓辺のカウンターは、夫がノートパソコンや書類を広げて仕事をする時にデスクとして使えるよう作ってもらったもの。作業机にもなりつつ、外を眺めながらお茶をするカウンターテーブルとしても使えるようにできたら、という希望を叶えてもらいました。

リフォームをしていると、自分では調べきれない専門的なことも出てきますし、迷うこともたくさんあります。でも、イデアの方々のように、住む人の気持ちを受け止めて、一緒になって考えてくださるプロの方がそばに居ると安心できるのです。その姿勢がとても頼もしく、私も頑張ろうと思うことができました。

これらの家具は、私が八十歳になった時もきっと、今と変わらずこのリビングにあると思います。長く使いたくなるものがあると、家はこんなに居心地がいいものなのだと、日々実感しています。まだ何も置いていないこの棚を眺めながら、どう収納しようという楽しみも残しつつ、改めて家時間を大事にしようと思うこの頃です。

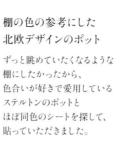

暮らしながら決めていく

キッチンカウンターとテーブルを入れ替える前、以前使っていたものを仮置きしていた時の様子。あえて最初から新調せず、一度客観視してから見直すことで、後悔しない物選びができそうです。

引っ越してきた当初はまだ改装途中でしたが、使っていた家具をほぼ運び入れました。実際に暮らしているうちに、どれをどこに置いたらいいか、明確になってくると思ったからです。

以前のマンションで使っていた白いキッチンカウンターは、次に住む方がそのまま使ってくださることになり、きれいにしてからお渡ししようと思い、家の改装のついでに塗り直してもらえるよう、一度新居に持って来ることにしました。仮置きの状態だったのですが、調理中の材料を置いたり、盛りつけをしたりする場所としてとても便利で「やはりこの家にも必要かも」と思い、似た形で作っていただくことに。今の暮らしに合うよう使い勝手を考えながら、サイズを何度も確認してから、オーダーしました。

テーブルも、以前からずっと、いずれは買い替えようと思い探していたもの。長年使っていたアーコールのものは、ふたりだとちょうどいいのですが、家族や仕事仲間が来て四人座ると、食事や資料が並べにくく、少し窮屈さを感じていました。わが家は人が来ることが多いので、シーンに合わせて天板のサイズを変えることができる伸張式のテーブルにと、思ったのです。北欧家具店に相談して、狭い階段でも二階に持って上がることができる、脚が外れるタイプのヴィンテージテーブルの入荷を待って、ようやくわが家に届きました。このデンマーク製の丸テーブルは、天板を伸ばせば長さ二メートルほどの大きな楕円になるので、撮影の仕事などで四人がパソコンを広げたり食事をしたりしても、使いやすくなりました。

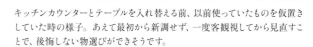

以前使ってていたテーブルと椅子一脚は、アーコールのアイテムを扱う家具店に引き取っていただくことに。とても好きなテーブルでしたので、長年の感謝も込めつつ、次に手にする方が気持ちよく使えるよう、メンテナンスをしてからお渡ししました。キッチンカウンターもテーブルも、次に使う方に繋ぐことができ、それがとてもうれしく「これからもよろしくお願いします」という心持ちで送り出しました。

キッチンカウンターを
今の暮らしに合わせて作り替え

天板は、キッチンの扉と同じ色合いのライトグレー、
側面は木目にしてシックに。
天板、側面ともに水拭きできて手入れがしやすい
アイカ工業のメラミン化粧板を選び、
オーダー家具店のイデアで作っていただきました。

自分で決めることで自分が育つ

今回のリフォームでは、改装に必要なパーツをショールームやインターネットで探して、ほとんどのものを施主支給にさせてもらいました。必要なもの、好みのものを自分で調べることで、価格や仕様、性能や使い方も把握でき、納得して選ぶことができました。そのうえ、ほとんどのものが卸売価格で手に入るから、思った以上の節約にもなりました。工務店さんに取り寄せをお願いすると取次手数料がかかるので、幾分工事費を抑えることにも繋がったようです。

時間をかけて比較検討してから購入するので、家に届いた時にはもう、その商品について概ね理解できている状態に。それでも、取扱説明書を読んで、使い方や取りつけ方法をきちんと再確認しておきます。そうすることで、壊れた時も焦らなくて済みそうです。工事の段階で問題があった時も、そのパーツについて理解ができているから、取りつけ作業をしてくださる方にも説明がしやすく、スムーズに解決できました。おまかせするのではなく、ほとんどのことを自分で決めるのはちょっと根気のいることですが、ある意味、自分育てにもなっている気がしています。

住み替える前から決めていたのは、トイレや玄関をユニバーサルデザイン仕様にすること。お互いの親が来ても、安心して使える場所になればと思ったからです。調べてみると、トイレットペーパーはこの高さが取りやすい、立ち上がる時に使うグリップは、この位置だと握りやすい、といった基準の位置があることもわかりました。私も母もそんなに身長が高くないので、自分で何度も座って確認し、調べた基準より少しだけ位置を移動してつけることになりました。

この度の改装で、スイッチプレートやタオルハンガーなどの小さいパーツから、靴箱や洗面台など大きなものまで、あらゆるものを探しました。手間も時間もかかって迷うこともたくさんあったけれど、選ぶ時間はわくわくするし、きちんと確認しながら物選びをすることで、自分で責任を持てるというよさがあります。これから長く暮らすわが家。最初の頑張りが二十年、三十年後の暮らしを作ると思えば、少し大変だったことも振り返る頃には、いい思い出になりそうです。

スイッチプレート

家中のあちこちにつけるスイッチプレートは、シンプルなものを。デザインと価格のバランスがいい、神保電器のNKシリーズに。

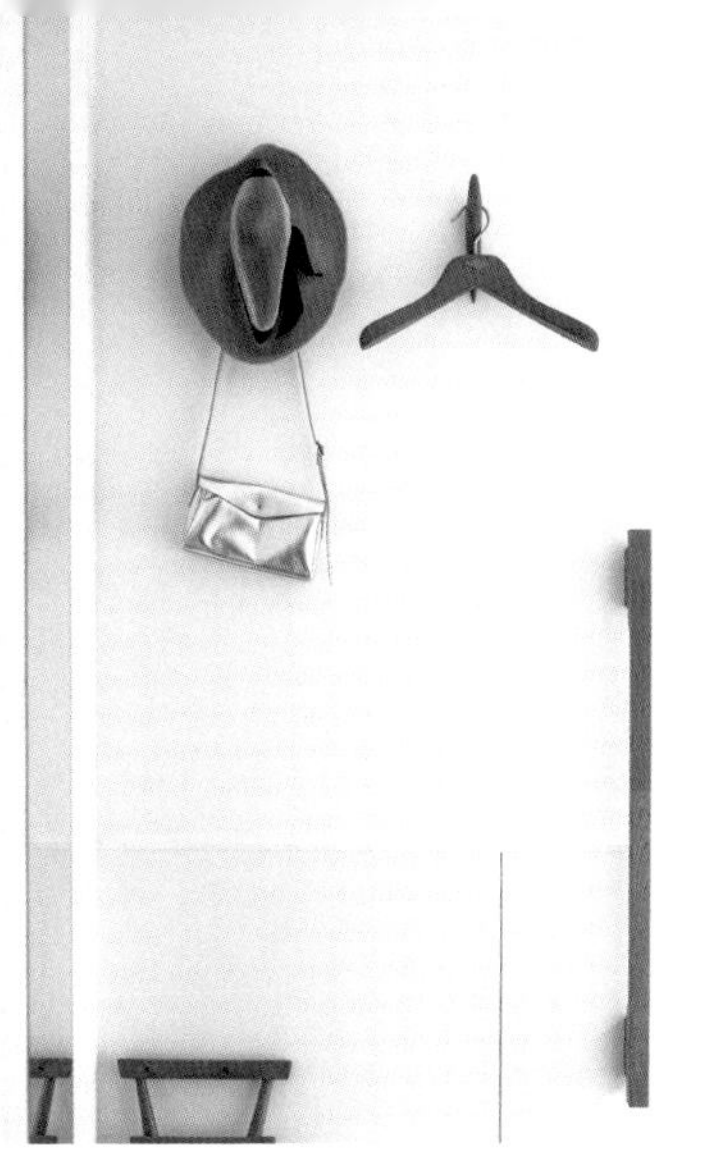

玄関まわり

玄関につけた手すりやフックはインテリアに合うよう天然木のものに。手すりは朝日ウッドテック、フックはイオリスペースで。

トイレのパーツ

もともと備えつけられていた手洗いボウルのディテールに合わせ、ペーパーホルダーやタオルハンガーなど、トイレのパーツはすべて鏡面仕上げのもので揃えて。

トイレの収納棚

トイレットペーパーの収納用には、コーナーに設置できるTOTOの縦型キャビネットを。拭き掃除がしやすいメラミン素材をセレクト。

灯りで目も心も癒される場所作り

安心感を与えてくれる常夜灯の存在

寝室近くのクロゼットルームの棚には、常夜灯として
ミナ ペルホネンの生地を使ったテーブルランプを。
夜中に起きた時でもまぶし過ぎない、やさしい光。

居心地よく暮らせるよう、一番時間をかけて選びたいと思ったのは、灯りです。以前のマンション暮らしでも、照明の大切さや灯した時の心地よさは十分実感していたのですが、改めて丁寧に向き合おうと思ったのには幾つかの理由がありました。

　ひとつは、物が見えづらくなってきたこと。これまでは電球色を選んでいましたが、近頃、見分けがつきにくくなった靴下の紺か黒かを判断するのにも、色の違いがわかりやすい蛍光色の灯りが必要になりました。

　そしてもうひとつの理由は、同じ部屋でも灯りによって雰囲気を変えられるようにしたかったから。五年前に北欧を旅した時に見た風景が心に残っていて、それが一番のきっかけになりました。デンマークでは窓にカーテンがついていない家が多く、それぞれの窓から見える家族団欒の様子がとても楽しそうで、その空間を灯すライトひとつひとつが、幸せの象徴に見えたのです。食事をしているテーブルの上にはペンダントライトが灯り、外が暗くなってきたら窓辺のスタンドをつけて明かり取り。その様子を眺めていたら、家族に会いたくなったのと同時に、温かな気持ちにさせてくれた灯りを、わが家でも大事にしようと決めました。

　日頃から「お金は幸せに使おう」と思っていて、その時から「灯り預金」を始めました。それでも素敵な照明は高価なものも多く、インターネットで目当てのものを探してほとんどを施主支給で揃え、電気工事のみをお願いすることに。手数料などを節約できたことで、「灯り貯金」を大切に、そして有意義に使うことができました。

　旅先で見て憧れていたルイスポールセンのライトは、リビングダイニングではテーブル上、ソファ脇など幾つか取り合わせて配置。それぞれが、わが家の日常を照らしてくれるから、デンマークの夜をイメージして、その時々で灯す場所を変えながら、シーンごとの光を楽しみます。食卓の照明の暖かさで会話が弾んだり、夫婦喧嘩をした時でも、部屋の奥から届く、間接照明のやさしい光で穏やかな気持ちに戻れたり。私にとって灯りは、北欧での温かな情景も思い出すことができて、家で過ごすひとときの中で、目も心も癒してくれる、そんな存在になっています。

食卓には穏やかな灯りのペンダントライトを

ルイスポールセンの
白いPH 5を
テーブルの上に配置。
光源が直接目に入らないよう
デザインされていて
やさしく食卓を照らしてくれます。

本を読む手元を照らす
テーブルランプ

ショップで一目惚れした
シルバークロームカラーの
パンテラ ミニ テーブルは、
ソファの横の空間を
ほどよく引き締めてくれます。

インテリアの
ポイントにもなる
スタンドライト

トラックのフロアランプは
以前のマンションでも
リビングで使っていたもの。
一日の終わりに他の照明を消し、
これだけを灯してゆったり過ごすと
疲れも消えていくようです。

階段には、コイズミ照明のコーナーライトを。電球を取り替える時に危なくないよう、低めの位置に。

将来さらに見づらくなっても明るくできるよう、リビング中央には200Wの電球がつけられるルイスポールセンのウォラートを。

デンマークのフィンユール邸で見て憧れていたラジオハウスペンダントを、壁と棚の間に吊るし、間接照明に。

ワークスペースは二畳ほどの空間なので、明るくなり過ぎないよう、半埋め込みタイプのダウンライトを選んで。

佇まいに惹かれたYuh ウォールは、キッチン壁に。スイッチつきなので、この場所でオンオフの切り替えができます。

階段下の壁には、ルイスポールセンのAJ エクリプタを。ずっと眺めていたくなるシンプルなデザイン。

寝室には、使うシーンによって光の色や明るさが調整できるリモコンつきのLEDライトをセレクト。

マンションの寝室にあった、アルテックのゴールデンベルをリビングの窓辺に。夕方、まだ明るいうちから灯し始めて。

季節を楽しむ庭作り

家探しをする中で、今の家に惹かれた理由のひとつが、緑を身近に感じられたことでした。移り住む前から、マンションのベランダで草木のある生活をしていた私には、たくさんの木々で縁取られたこの家がとても幸せな佇まいに見えて、ここに住みたいと思いました。

ほんのり「和」の趣の庭は、愛情を持って育ててこられた様子もうかがえて、引き継いだあとも、この景観を絶やさないようにしたいと思い、改装中も毎日草木の水やりに通いました。その期間にも、以前は駐車場を兼ねていたという砂利引きの裏庭のあちらこちらで、雑草が目立つように。砂利の間の雑草を摘むのは結構大変で、この先、手入れが暮らしを圧迫しないよう、不揃いのサイズのコンクリートを敷き詰めてみたら、ガーデンチェアを置く場所もでき、くつろぐ空間が増えたようです。

また、玄関先の通り庭には落葉樹があり、この夏、そこに鳥の巣を見つけました。木の下を通る度にかわいい声で鳴くので、「ママでなくてごめんね」と言いながら通り抜けます。秋は落ち葉を敷き詰めたようになるから、掃き掃除が欠かせなくなりました。

季節を楽しめる庭になればと、もともと花壇に植えてあった紫陽花や小手毬などがきれいに咲くよう、土を入れ替えたり肥料を入れたり。花壇に雑草が生えにくいよう、グラウンドカバーとして、地面を這うように伸びてくれる、様々な草花を植えました。日照条件がいい庭なので、手入れをするだけ草木が応えてくれるから、これからも手をかけていこうと思います。

マンションで鉢に植えて育てていた植物は、地植えにしたり、新たな鉢に植え替えたり。かなり大きくなっていたオリーブは、この庭でも実がつくよう、二本並べて地植えにしました。二階のキッチンの窓から見える庭の眺めも好きで、暮らしに彩りを与えてくれます。

ささやかな庭ですが、これからも成長を絶やさないように、毎日少しずつでも向き合う時間がとれたら、慌ただしい日常も豊かになりそうです。

手をかけた分だけ
草花は応えてくれるよう

きれいな花を咲かせてくれた
紫陽花をはじめ、
家で仕事をしていると
庭の草花を見るのが
一番の気分転換に。
庭に置いたガーデンチェア
に座り、ひと息ついています。

日課の草取りも
少しずつ慣れて

雑草は、水やり後だと
気持ちがいいほど抜けやすく
なることに気づきました。
無心になって続けていると、
あっという間に
時間が経ってしまいます。

長年育ててきた植木も
この庭に引き継いで

以前、マンションのベランダに
あったヘデラは二十七年もの。
苗から育ててここまで大きくなり、
高さのある鉢に植え替えました。

庭でも部屋の中でも活躍してくれる常緑草

雑草を生えにくくしたり、
土が乾燥し過ぎたりしないように
植えたグラウンドカバー。
部屋で小瓶に挿したくなるような
やさしい色合いのものを
選びました。

間引いた草も花器に生けて

葉が茂り過ぎたら、日当たりと
風通しをよくするために、少し間引きをします。
形のよいものはとりあえず玄関の棚に置いておき、
あとで部屋のインテリアに。

玄関先で季節を感じる

夏には木漏れ日が楽しめ、
秋は落ち葉が舞うアプローチ。
毎日通る度に、新しい発見があります。

先を見据えた仕様に

階段の照明は
電球を交換しやすい位置に

ペンダントライトだと
大きな荷物を移動する時や
電球交換の時に不便なことも。
今後のことを考えて
コーナーライトを選びました。
乳白色のガラスから
柔らかな光がこぼれます。

家の中で階段だけが唯一吹き抜けになっているから、奥行きが感じられるよう、天井から存在感のあるペンダントライトを垂らすイメージを思い描いていました。ところが、工事の打ち合わせの時に電球の替え方を聞いて、それが現実的ではないことがわかりました。取り替える度に、段差がある場所に脚立を立てて作業をするため、危険を伴うのです。そのため、ちゃんと手が届く位置に、乳白ガラスのコーナーライトをつけることにしました。

以前なら、多少不便なことがあっても、インテリアは見た目を優先していたと思います。でも、自分でできそうにないことは「やらない」と判断することも、これから先の暮らしの質を上げるためには、大事なことだと思うのです。電球交換など、ちょっとしたことを人に頼むのも勇気のいることなので、暮らしの根幹になることは、できるだけ自分たちでできるよう準備しておこうと決めました。

その準備のひとつがメンテナンスしやすい仕様のものを選ぶこと。前の家では、ドアなどの建具はすべて塗装仕上げにしていましたが、月日が経つにつれて剝がれてきたり、色あせたり。とても好きだったので時折、塗り替えるようにしていたけれど、この先この作業を続けていくのは大変かもと思うように。今の家の建具はもともとシート貼りで、手入れもしやすいのと、見た目も素敵だったので、このまま使わせてもらうことに。

床の素材も、これから二、三十年住むことを視野に入れながら探して、部屋や廊下はワックス不要の突板張りの床材に。無垢材のほうが足ざわりはいいけれど、家で一番広く使う素材なので、水をこぼした時にしみにならず、手入れも簡単なほうが、気持ちも楽に過ごせます。

洗面所とトイレは、石目調のフロアタイルにすることに。以前のマンションでは、清潔感を求めて真っ白な長尺シート貼りにしていたのですが、きれいに使おうと思うと週に一度クリームクレンザーで磨く必要があり、それが少し手間に感じてきたので、今回は水拭きすれば汚れが落ちる素材に切り替えました。

キッチンの床も同じくフロアタイルに。洗面所の床に似た石目調のものを選び、雰囲気が変わるよう、グレーの目地棒を入れて貼ってもらいました。しょっちゅう椅子を引いても傷がつきにくいのと、肌に触れてもあまり冷たさを感じないところが気に入っています。樹脂製なので水や油をこぼしてもしみになりにくく、さっと拭けばきれいになるから、使えば使うほどキッチンには最適な素材のように思います。

キッチンの床は
リビングと馴染むように

リビングのオーク材と
繋がりが感じられるよう、
ニュアンスのあるグレーに。
サンゲツのフロアタイルに
ダークグレーの目地棒を挟んで。

リビングは手入れが楽で
雰囲気もいい木の床材に

家の中のほとんどの部分を
抗菌仕様で、ワックスがけが不要な
朝日ウッドテックのオークの床材に。
リフォーム時、既存の床に上から
貼れるのも魅力でした。

水まわりは
掃除のしやすさを優先

サンワカンパニーの洗面台は
天板が木目調の
水に強いメラミン化粧板なので、
拭きやすいのがいいところ。

リビングのドアも
シート貼り仕様に

ガラス入りのドアに交換した際、
雰囲気のいい塗装仕上げではなく、
傷や汚れ、反りに強いシート貼りを
選択。木目調のシートを選んだら、
インテリアにも馴染んで。

安心・安全を選ぶ大切さ

オール電化のよさを少しずつ実感

IHクッキングヒーターを使って料理することにも段々慣れてきました。火の消し忘れの心配がないのはもちろん、手入れが楽なのもうれしいポイントです。

わが家の暮らしの基本は食事です。私の一番興味のあることも料理だから、この家に決めようとした際に迷ったのは、オール電化住宅だったことでした。ＩＨクッキングヒーターを使いこなせるか心配で、新たにガスを引くことも検討したのですが、ある日、即席ラーメンを作っていた夫が、火を消し忘れてしまったことがありました。義母からも同じような話をよく聞いていたことも思い出し、素直に「安全のためにＩＨにしよう」という気持ちに。調べてみると、オール電化住宅のほうが住宅ローンの金利や火災保険が安く、安全面に加えて費用面でも得することがわかり、潔くオール電化住宅のまま住むことに決めました。

もうひとつ、安全面で考えたのがセキュリティ会社との契約。以前住んでいたマンションでは、セコムに加入していて、ブレーカーが落ちた時も、トイレに備えつけられた緊急スイッチをうっかりさわってしまった時も、一分以内に確認の電話が鳴りました。その対応の早さは、こちらが恐縮してしまうほど。とても信頼していたので、この度もお願いしようと思いました。さらに決め手になったのは、同じマンションでのこと。ひとり暮らしのご年配の方が自宅で倒れた時に緊急スイッチを押したら、セコムの素早い対応により助かったという話を聞いたのです。この先、もしわが家で同じようなことが起こったとしても、「このスイッチがある」と思えたら、少しは安心できそうな気がします。

これから先、この家が家族の人生の拠り所になるように、安心して暮らせることは必須だと思うから、今、きちんと理解して決断できるうちに、安心・安全を確保しておくことも、将来へ向けての明るい選択だと思うのです。

セコムのコントローラーは、キッチン近くのニッチに。普段は扉をつけて目隠し。

住み替える年齢

住み替えを考えるようになってから、何軒か見てまわるうちに、決まりかけると本当にここでいいのかと自問自答をし過ぎて不安になるという、自分でも訳のわからない葛藤を繰り返しながら、やっとここにたどり着きました。そんな話を、当時同じように家探しをしていた友人たちに話すと、みんな同じ経験をしていて、それは、やはり現状維持のほうが安心なのと、もうこの歳で失敗したくないという気負いがあるからなのかなと感じました。でも、この家に住もうと決めてからは、そんな迷いもすっかり消え、様々なことに前向きに取り組むことができた気がします。

以前のマンション購入時は、販売業者の方がしてくださった煩雑な手続きも、今回はできるだけ自分たちでしようということになりました。役所への様々な届け出や、ローンを借りるための資料作り、マンションを手放したり新居に住み始めたりする手続きなど、はじめてのことばかりでしたが、とても勉強になり、経験しておいてよかったと思います。

とはいえ、慣れないことばかりでしたので、ちょっとした失敗も。いざ引っ越そうという段階になって、テレビや電話、Ｗｉ-Ｆｉなどの通信環境が整っていないことが判明。通信会社に連絡すると、一軒家は開通までに一か月半から二か月ほどかかるということでした。それで仕方なく、引っ越し後も通信環境が整うまでの間、マンションと新居を行き来する生活をすることに。引っ越しシーズンで混み合う時期でしたので、決まっていた引っ越し業者の予定日は変更せず、二回に分けて行うことにしました。一回目は業者の方にお願いしてほとんどの荷物を運び込み、二週間後の二回目は、夫と私、父との三人で。少量だからと高をくくっていたところ、業者の方の手際のよさに比べると、私たちのなんとダメなことか（笑）。この作業だけで一週間ほどかかりました。

その後も荷物の片づけは続くので疲労がたまり、体力がなかなか戻らなかったり、気持ちの余裕がなくて些細なことで喧嘩をしたり。今回、改めて感じたのは、歳をとったなあということでした。役所への届け出の時も、不備があって何度突き返されてもへこたれない精神力が必要なことを実感。力仕事も、大切なものを手放す判断も、様々な手続きや届け出も、まだ体力があって、正確な判断ができ、気持ちの折り合いもつけられる、そんな年齢までに終えておくことが、大事だと気づきました。

ドタバタしましたが、大変な工程を家族で乗り越えたことで、夫と父との信頼関係も深まって、夫婦の絆も強くなった気がします。普段から、思っていることは言葉にして伝えようと心がけていたこともあり、たくさん話し合いながら決められたことも、いい思い出です。引っ越したあと、気持ちのいい季節でしたので、ふたりで度々散歩しながら、これまでのことが笑い話になっていることに気づきました。今回あらゆる経験をしたことは、家族にとってとても有意義だったと思うのです。

住み替えは、自分で判断することがたくさん

一軒家への引っ越しを経験してはじめて、
手続きや決めなくてはならないことの多さにびっくり。
検討したいことはすべてノートに書き出して、
頭の中を整理しました。

暮しの手帖
MODERN LIVING
Life with IDEE
ARNE JACOBSEN
ALVAR AALTO
AALTO
COMPACT HOUSES
LIVING WITH BOOKS
A Year of Mornings

三章

収納

リビング収納は部屋に馴染むように

散らからないための工夫

日々届く書類や、確認しておきたい取扱説明書などを入れる紙製トレイは、アマゾンで五百円ほどで購入したもの。「とりあえず置いておく場所」があると、部屋は散らかりません。玉ねぎやかぶの形をしたジョージ ジェンセンの小物入れには、キャンドルやクリップなど、この場所で使うものを入れて。

書類を読んだり手紙を書いたり、テレビを観ながらごろ寝をしたり。リビングでは数えきれないほど多くのことをしているような気がします。それでもリビングは、ただくつろぐ場所であればいい、と思うのです。

とはいえ、ここのところの働き方の変化で、以前より家で仕事をすることが多くなり、リビングでオンライン会議をしたりメールのやりとりをしたり。頭を集中させることも多いから、リビングのしつらえだけでも、ゆったりと時間が流れるようになればと思いました。

気持ちがくつろぐことを優先して考えると、無駄なものは置かず、空間が広がる心地よさを味わえるインテリアに。そう思うようになったのは、以前住んでいたマンションでの経験から。ソファで本を読もうと、北欧家具のマガジンラックを横に置いていたのですが月日が経つにつれ、中身を入れ替えることもなく、ただのオブジェになっていました。そういう収納の仕方ではもったいないから、このリビングには、好きな家具のみを置いて、その中に入る分だけ収納することにしました。

それで、ずっと使っている家具の中から、ここに置きたいと思うものを集めました。以前、玄関で使っていた北欧のミニチェストは、サイドテーブルを兼ねてソファ横に。スマートフォンの充電器やスケジュール帳、外出時に持って出るものを、その中に準備しています。

リビングで使っていたローチェストは、窓辺のカウンターテーブルの下にぴったりと収まるようしつらえました。ここには、家族の記憶を収めるためのカメラや、ごろ寝用の毛布、ダイニングで使うテーブルクロスなどを収納して。ワークスペースで使っていた書類棚も、その隣に並べ、便箋や封筒、文房具の予備を。落ち着いた気持ちで手紙が書けるよう、ここに置くことに決めました。

リビングに置くものを見直したことで、リラックスするために、物はそんなに必要ないことも知りました。以前のマンションから持って来た家具が、もともとこの家にあったもののように、天井の回り縁や窓枠、扉などともよく馴染んでいます。収納することに縛られず、使いやすくて大人らしい空間になったような気がしています。

薄型の引き出しの書類棚には、便箋や封筒、ポストカードなどを種類別に整理。よく使う宅配便の伝票もここに。

左端に造作したキャビネットの中に、Wi-Fiのルーターやケーブル類、ファックスなどの機器をまとめ、扉で目隠し。

チェストの引き出しは、テーブルクロスや風呂敷、印刷用紙や写真用紙など、布や紙ものをきれいに保管するのに便利。

カウンターテーブルの下に収納家具を

リビング奥のカウンターは、右側はデスクとして使えるよう奥行きを持たせて、
左側は以前から愛用していたチェストや書類棚を下に置き、それらに合わせた奥行きで
造りつけていただきました。窓辺の景色を楽しむ場所でもあるから、収納家具は最小限にして、
鉢植えやペンダントライトを配し、くつろげる空間にしています。

使い勝手を考えたキッチン収納

リビングに馴染むよう、家具のような素材と造りのシリーズを選んだカップボード、
オープンシェルフ、吊り戸棚はリクシルのもの。背が高い食器棚の中の器がよく見えるよう、
すぐ上の天井にダウンライトを新設しました。
TOTOの淡いグレーのキッチンとの間にできた十五センチほどの隙間は、
あえて埋めずにタオルハンガーを取りつけ、タオルと頻繁に使うアルコールスプレーをかけています。

キッチン収納は十年後を考えて

キッチンは私にとって、家の中でどこよりも習慣が根づく場所だと思っています。だから、十年後の自分を想像しながら、今、キッチン収納を使い勝手よく整えておけば、まだ手習いのための時間はうんとあるから、十年後も自由自在に家事を楽しめているのではないかと、思いを馳せています。食べることは心にも体にも栄養を与えてくれるから、これからの暮らしを楽しむためにも、大事にしようと思うのです。

新居にはとりあえずすべてのキッチン小物を運び入れ、引っ越し後、居心地のいいキッチンになるよう整理しました。まず、リビングの床に、大きな器から小さなスプーン一本まで重ねずに並べ、必要なものをひとつひとつ確認。本当にいるかいらないかを取捨選択していきました。新しいキッチンを目にしながら作業を進めると、いらないものがすんなり判断できます。その中で、まだきれいなものは、親や友人が持ち帰ってくれました。残すと決めたものは、手入れをしながら数日かけて、どこにしまうかを検討。はじめにきちんと居場所を作っておけば、使ったあとは戻すだけなので、いつも容易にしまうことができます。

コンロや流し台の下のフロアキャビネットは、淡いグレーのものを選びました。引き出し式なので、奥まで収納できるよう、楽に引き出せるハンドルつきのものに。歳を重ねると指先の力が弱くなるので、毎日使う場所は特に、扱いやすいものに決めました。この中には、鍋や保存容器、日々使うカトラリーや保存袋など、食器以外のものを収納しています。

その右隣の収納ユニットは、リビングとの繋がりを考えて、家具のような雰囲気のものに。様々なパーツから選んで組み合わせることができたので、横長のカウンタータイプのものと、奥行きのある縦長のカップボードの他、リビングから見える位置に、壁づけのオープン棚もつけました。最近は埃が気になるので、見せる収納はあまりしていませんが、ここだけは特別に、どこから眺めても癒されるような空間になればと思いながら、いつもしつらえています。

近頃は、夫とふたりでキッチンに立つことを目標にしていることもあり、リフォーム案を考える際、夫に相談すると、「キッチンに住みたい」というリクエストがありました。長年夫婦を続けていると、その時々で楽しみ方が変わってくるのですが、ここ最近は、家で食事をすることが何よりの楽しみだから、私と同じ気持ちになっていたのだなと思います。

そのため、ふたりで広く使えるよう、カウンタータイプのカップボードは作業台としても使うことに。コーヒーは夫が淹れることが多いから、この上にコーヒーメーカーとラッセルホブスの電気ポットを並べて。カウンター越しの窓から庭が見えるから、ここに佇んでコーヒーを飲みながら木漏れ日を眺めるのも、家事の合間の、いい休息時間になっています。

よく使う器は、唯一設けた背の高い収納棚にまとめています。日々使うものだから、中の棚板を増やし、あまり重ねずに収納。一番取り出しやすい位置には、毎日欠かさず使っている北欧の器を並べています。それを眺めるだけでも食事作りのモチベーションが上がるから、扉を開けた時の気持ちの高鳴りも考えながら、収納場所を決めていきました。

上段の棚には、これから器が増えてもいいよう、少し余裕を残してあります。道具やカトラリーなど、ほとんどのものは、この先あまり増やさない予定ですが、器だけは例外。疲れた時の手抜きごはんでも、器が食卓の彩りを助けてくれることもあるから、私の唯一の趣味として、無理に我慢しないようにしようと思っています。

コンロ下はグリルをやめて引き出しに

魚焼きグリルは手入れが大変なので、引き出しに変更しました。
計量カップや味見をしたり材料を仕分けしたりする時に使う小皿など、
コンロまわりで使うものをまとめておけるので、とても便利です。
キッチン収納の引き出しには、中身が動くのを防ぐために、
イケアのヴァリエラシリーズの引き出しマットを敷いています。
透明で目立たず、水拭きすることもできるから、清潔に使えて重宝しています。

食品保存袋は種類別に立てて収納。ダイソーで、ちょうどいい大きさの仕分けトレイを見つけて。

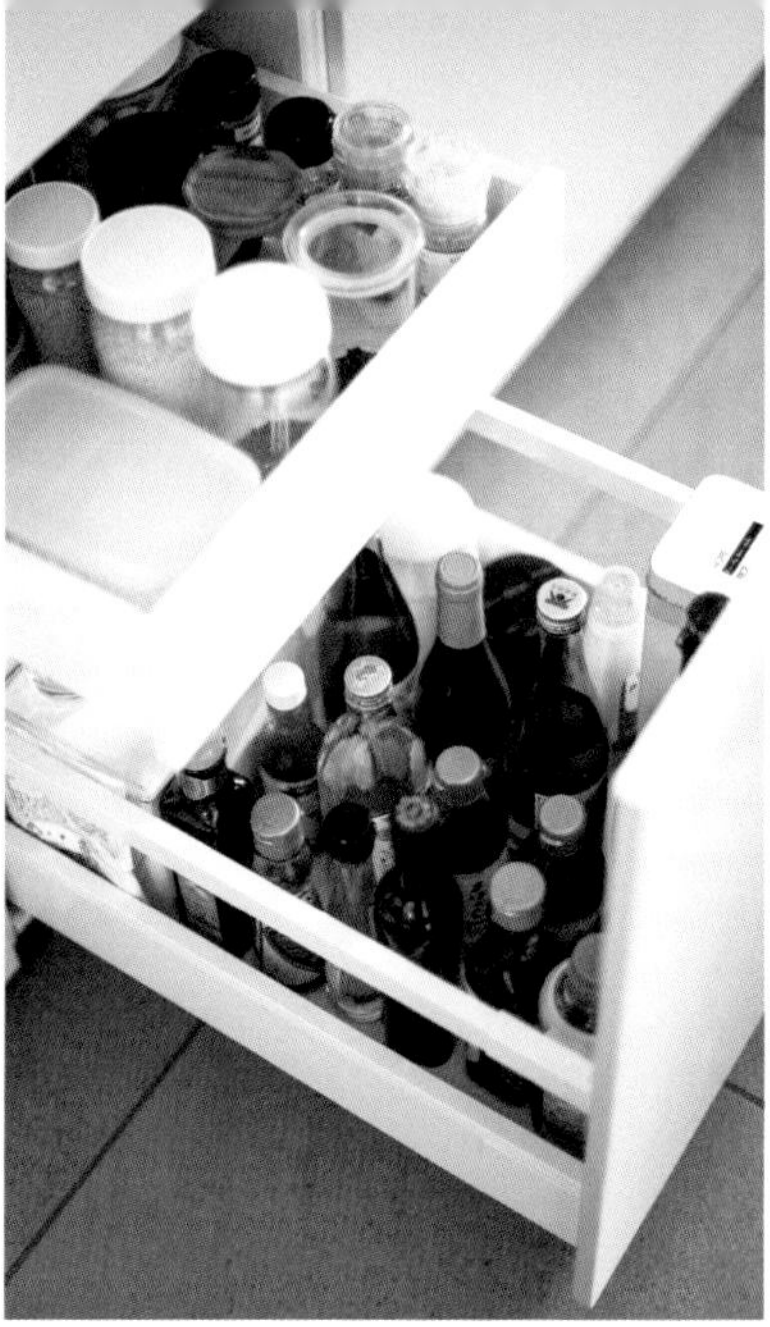

油や調味料など、瓶ものは深さのある引き出しに。使う度に瓶を拭いて戻せば、清潔さを保てます。

シンク下の横長の引き出しには保存容器などを。上から見て探しやすいよう、できるだけ重ねずに収納。

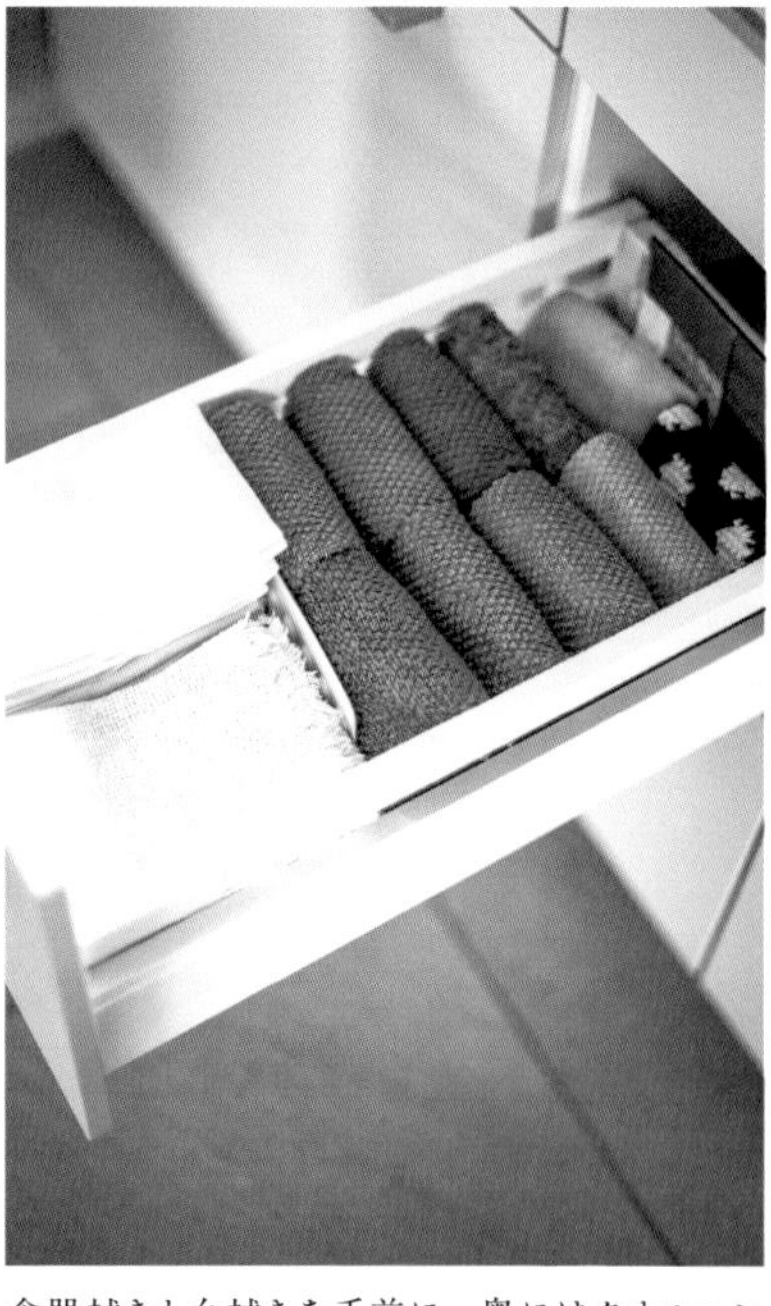

食器拭きと台拭きを手前に。奥にはタオルハンガーにかけて使うハンドタオルをスタンバイ。

コンロの下には、鍋やフライパンを。使い終えたらサビ防止で油を染み込ませる鉄製のスキレットは
他の鍋に油移りしないよう、無印良品のファイルボックスに入れて収納。

トングやゴムべらなどの調理道具、普段使いのカトラリーを、引き出しの中で仕分け。
よく使うラップは、一番手前に。

普段使いの器は
高さのある食器棚に

キッチンの角に設置した
食器棚は、扉が上中下で
三段に分かれているタイプ。
一番取り出しやすい中段には
日々の食事でよく使う器を。
下段には丼や大皿など重いものや
ヴィンテージカップなどを。
上段は、器が増えた時のために、
スペースに余裕を残しています。

下段の収納の一番上にある浅めの引き出しには、小皿やスープ皿、湯のみなどを。重ねずに並べられるから、見渡して選ぶことができ、小さな器も取り出しやすく。

入れるものに合わせた収納に

キッチンカウンターの下は、トースターや炊飯器、
ごみ箱が使いやすく収まるサイズに。
リビングからは見えないので、さっと取り出せるよう
扉はつけずオープン棚にしました。

キッチンカウンターは収納にも作業台にも

朝、コーヒーを飲んだり、ちょっとした作業を
したりするための椅子を置けるように、
カウンターの天板を片側に十五センチほど
延ばす形でオーダーして作っていただきました。
裏側が収納になっています。

無印良品のファイルボックスは、底に段差があり、引き出す時に引っかかりやすいので、ダイソーで見つけたフェルトシートを貼ったら、作業がスムーズに。

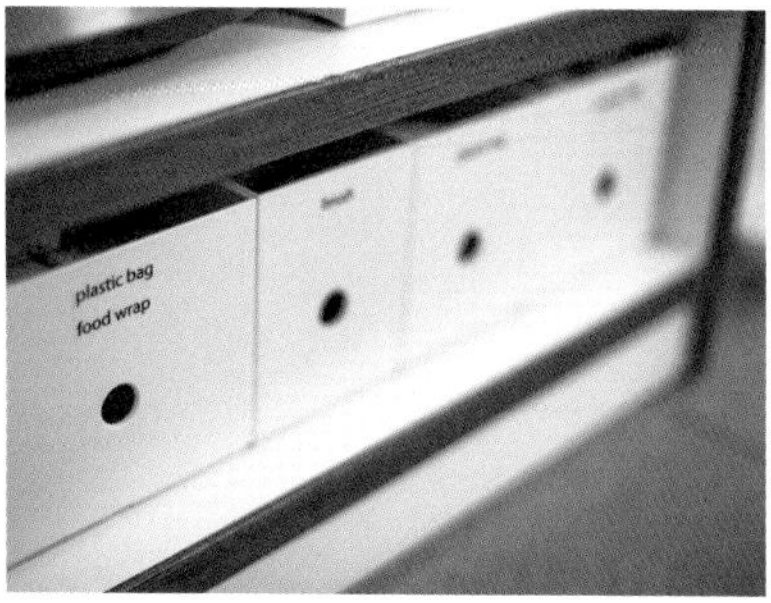

ラップやごみ袋のストック、掃除で使うブラシなど細々したものは、無印良品のファイルボックスに仕分けして収納。耐水性の透明なシールに中身をプリントして貼りました。

流し台の上部につけた、跳ね上げ式の吊り戸棚も、キャビネットと同じシリーズのもの。薄型のものを選んだので、背が低い私でも、難なく開け閉めすることができます。このキャビネットの下にはＬＥＤの手元灯がついているので、キッチンでの手元作業も危なげなく快適に進められます。

キッチン収納で、もうひとつ課題にしていたのが、食品をストックしておける場所を作ること。忙しくてなかなか買い物に出かけられないこともあると思うから、何かあっても慌てずに済むくらいの量を収納できるようにと考えました。今回のリフォームでパントリーを作らなかった代わりに、キャビネットの中の一角を、棚板なしのフリースペースにして、イケアのキャスターつきワゴンを三つ並べることに。この食材収納庫を作ったことで食材を確保できていたので、台風が来た時も安心して過ごせました。

今の私がこのキッチンを使い慣れておくことで、十年後の私が楽になるのを期待しています。使ったら元に戻したくなるキッチン収納にするポイントは、手数を減らすことと、あまりきっちり詰め込み過ぎないことだと実感しています。

コーヒーやお茶セットは手に取りやすい場所に

流しの上の手が届く位置に、跳ね上げ式の吊り戸棚を設置。
毎日使うコーヒー豆や茶葉、マグカップなどを入れています。
左側の扉の中には、細々とした保存容器を収納。

浅い引き出しは
カトラリー入れに

ユニットタイプのカップボードは、
オプションで中に
木の仕分けトレイが追加できたので、
ここを来客用のカトラリー入れに。
季節によって変えている箸置きは、
透明の容器にまとめています。

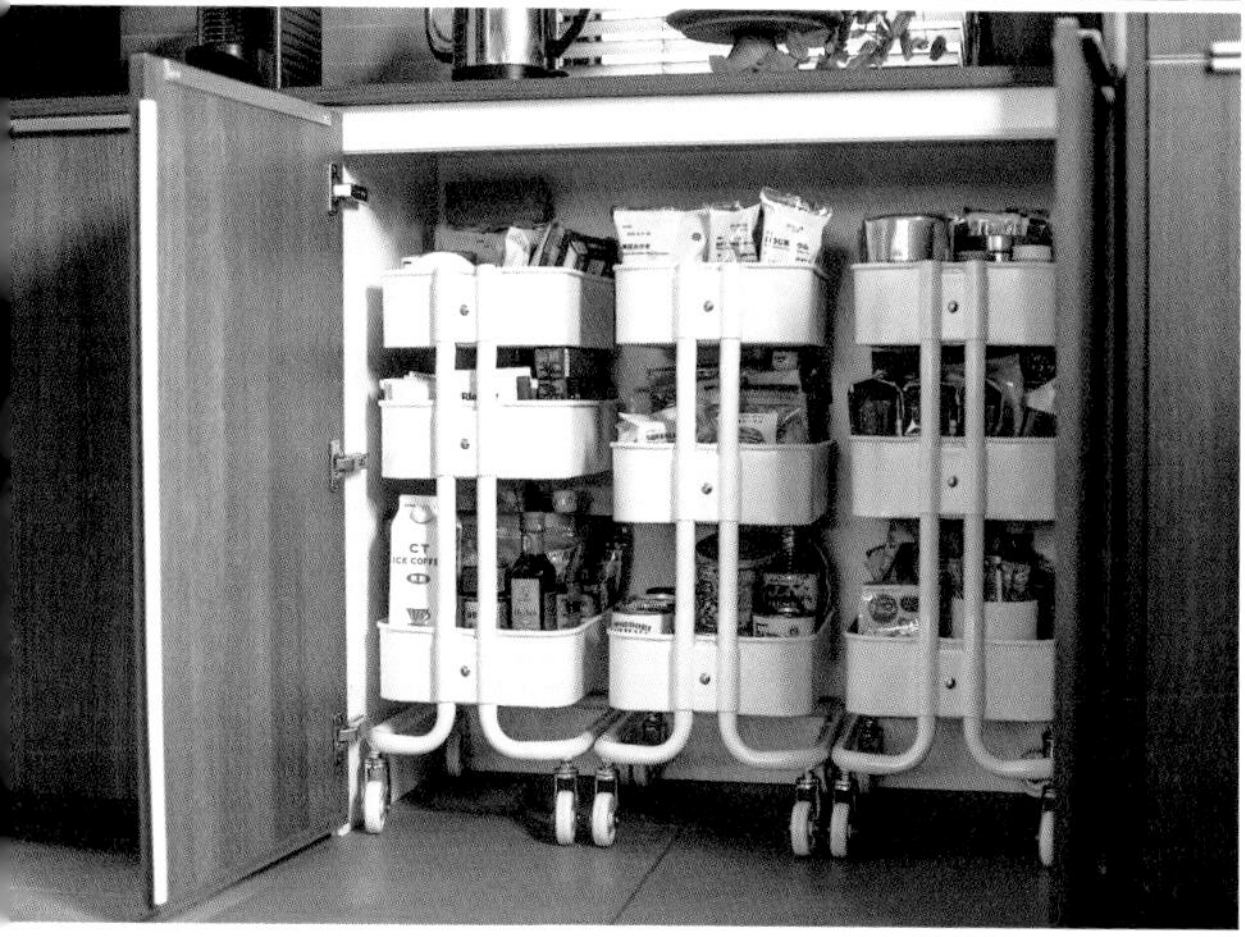

パントリー代わりの
三台のワゴン

カップボードの中に、
イケアのキャスターつき
三段ワゴンを並べ、食品貯蔵庫に。
二〜三週間は買い物に
行かなくても生活できるよう、
食材をストックしています。
右にはパスタや乾物、
中央にはおやつや缶詰、
左には愛猫そらのごはんなどを。

割れやすい和食器は
別の棚で保管

扱いに気を遣う和食器は、
普段使いの器と分けて
収納しておくと安心です。
風通しが悪い奥のほうに置くと、
しみやかびができやすいので、
奥行きが浅めの棚に、
できるだけ重ねず、隙間をあけて
並べるようにしています。

目当てのものを探しやすいクロゼット

　ここのところ、「これがよさそう」と思ったら、十枚ほどの服を繰り返し着てしまうから、あれこれ着まわすことが少なくなりました。そうはいっても、服を着替えて自分の印象が変わると、気分が華やいだり、ふさいだ気持ちを助けてもらったり。服は私にとって、そんな役目を果たしてくれるものでもあります。

　ここに越してきて、夫と私で別々のクロゼットを持つようになったのですが、収納を考えるうえで一番頭を悩ませたのが、そのクロゼット収納でした。既存のスペースに収納するものを考えるのは、これからどんな服を着て、どんな人になりたいのかを見直すいいきっかけにもなりました。

　もっと歳を重ねても、ボーダーが似合ったり、さらりと白いセーターを着られたり、時には、柄物を取り入れるような着こなしを楽しめたり。幾つになってもその時に着たいものを着て、気負わずおしゃれを楽しめる人でいたいから、クロゼットは、そんな気持ちに寄り添うような収納にしようと思いました。気に入った服がきちんと整理された状態で並べられ、クロゼットを見渡した時に、ふと目に留まった服が、その日着たいものになるような収納です。

　よく着るニットやカーディガンは、着たいと思った時にすぐ手に取れるよう、新調したチェストの引き出しに、ふんわりたたんでしまうように。一段目に白とボーダー、二段目にグレー、三段目に紺、四段目に黒というように、下に行くほど濃い色合いになるよう色別に仕分けしておくと、服選びがちょっと面倒な日でもさっと探すことができます。

　バッグは、埃よけの不織布の袋に入れ、中身がわかるよう写真を貼って収納。自立しない平たいバッグは、書類ケースの中に立てるように入れると、目当てのものがすぐに見つかり、取り出しやすくなりました。

　季節外れの服や冠婚葬祭用の服は、よく着る服と一緒にラックにかけてしまうと、どうしてもよれたり、引っかかったりして、きれいに整えておくことができなくなるから、埃と日差しよけを兼ねた洋服カバーをかけ、家族の分もまとめて別の場所に収納しています。いつでも見やすく、わかりやすい収納ができていれば、どんな服があるのか一目瞭然で、これからも着ることを楽しめると思うのです。

ニットを色別に
収納するためのチェスト

三十年使った天然木のチェストを手放し、
ニトリで白いローチェストを新調。
スムーズに動くレールつきの引き出しなら
急いでいる時でも慌てることなく
支度ができます。
表面が鏡面仕上げなので
水拭きができて清潔です。

かごバッグ

かごバッグは埃を防ぐため、付属の袋やエコバッグに入れ、クロゼット上部の棚に並べて。写真を撮り、色の再現性が高いエプソンの写真用紙クリスピアにプリントしたものを袋に金具でつけて、中身がわかるようにしています。

自立しないバッグ

バッグや帽子は不織布の袋に入れ、ハンガーラック下に並べたイケアの書類ケースに整理。床置きは湿気が気になるので、紙製のケースを選びました。かごバッグと同様に写真を貼り、目当てのものを見つけやすく。

オフシーズンの服

クロゼットルームにしている部屋に、ハンガーラックを造りつけたので、
オフシーズンや冠婚葬祭用の服はここに集約。防虫、防かび、UV加工のされた
不織布のカバーを服に被せてから、埃よけの布をふわりとかけて。

インナー

折りじわが気になりにくいインナーは、チェストの引き出しに。
引き出しの高さと幅にぴったり収まるようにたたみ、立てて並べています。
色別、素材別に分けておくと探しやすく、出し入れもしやすいから便利です。

ドレッサーは身支度と心を整える場所

ドレッサーは、作業机を兼ねたものを、寝室に置きました。寝室を眠るための場所だけでなく、ひとつの部屋として使うことができたらと思ったからです。

そこで、ひとり暮らしならこの部屋で完結するような空間になればと考えました。机の上にはメイクかごと一緒に、仕事でも使う電話の子機を置いています。机の引き出しには、メイク道具やアクセサリーを収納しているから、仕事に使うものは、右下に収めたキャスターつきのワゴンに。このドレッサーは、身支度を整える場所でもあり、ひとりで何かに集中するにも、ちょうどいい居場所になりました。

朝、私がメイクをする時にも使いますが、日中は夫が在宅勤務の日にパソコンを置いて仕事をしたり、本を読んだり。休日、夫がリビングでテレビを観ている時は、私が原稿を書く場所として使うことも。夫はこの寝室が一番好きなようで、家の中でちょっとした住み分けができる部屋ができたことで、お互い気兼ねなく過ごせるようになりました。

寝室はわが家で唯一南向きの部屋なので、とても日当たりがよく、掃き出し窓からは、庭に出ることもできます。仕事でちょっと疲れたら、庭に置いた椅子に座って休息することもできて、ドレッサーの鏡越しには、四季折々の木々が眺められます。そんな気持ちのいい空間ですが、今はまだ愛猫そらが小さいから、私はリビングに居ることがほとんど。もう少し大きくなったら、一緒に風を感じながら、ここでの時間をゆったり楽しめたらと思っています。

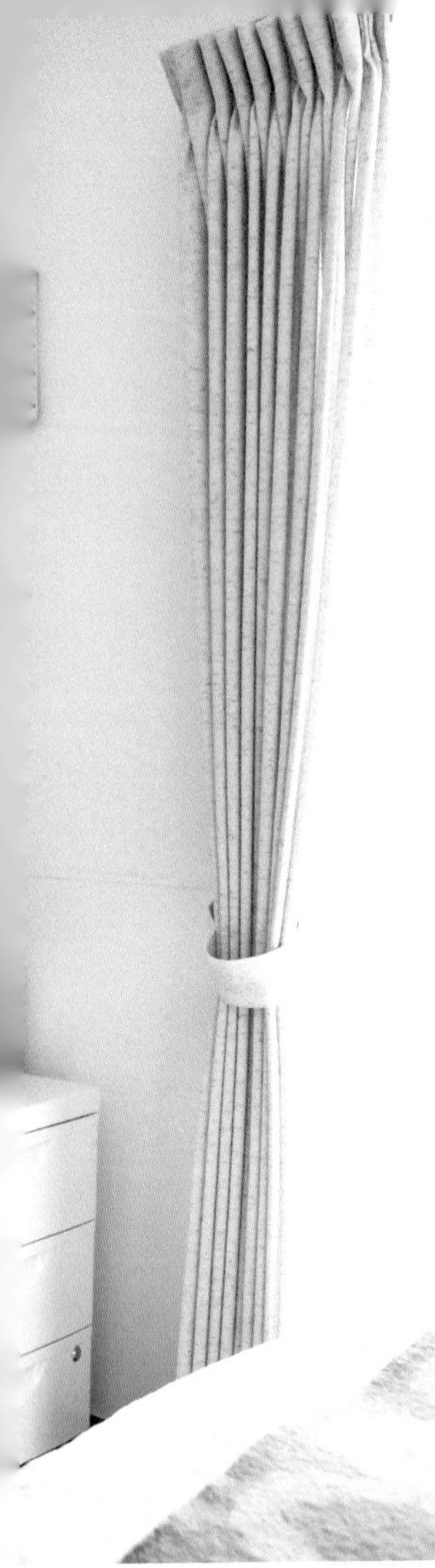

仕事机としても使えるドレッサーに

机と鏡はイケアのもの。机と奥行きが同じガラス板もイケアで見つけたので、防水のために上に敷きました。化粧水や油分があるクリームをこぼしても、さっと拭くことができます。鏡の上のライトは、仕事中、文字を読みやすいよう蛍光色の電球にしています。

「今日を最高の一日にしよう。
あなたが居るから
誰かが笑顔になる」
という意味の言葉を
キャンバスに書き、壁にかけて。
朝、起きて、ちょっと気分が
ふさいでいるなという日も
これを目にすると笑顔になれます。

ドレッサーの上

メイクやヘアケアアイテムのボトルは、かごに立てて収納。
奥には、時計とラジオのついた音楽スピーカーと、
電話や玄関のインターフォンの子機を置いて。

机の左側の引き出し

メイクアイテムは、イケアの仕切りを使い、それぞれの枠にひとつずつ入れるようにすると、出し入れがスムーズ。引き出しの開け閉めで動かないよう、それぞれの下にイケアの透明の引き出しシートを敷いて。

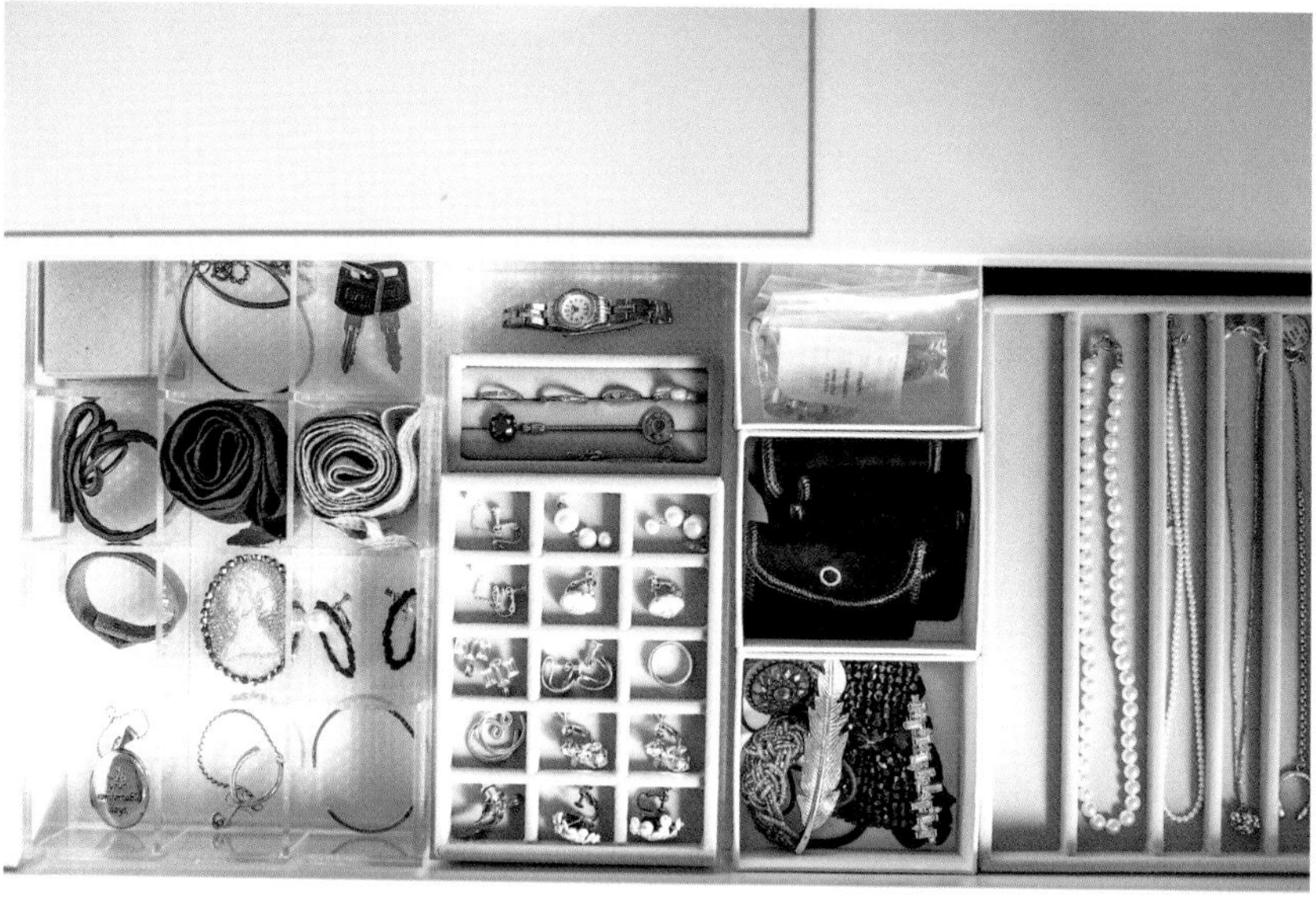

机の右側の引き出し

無印良品のアクリルケースや、ジュエリー用のベロア地の仕切りなどを組み合わせて、アクセサリー入れに。それぞれのサイズを測り、図面を描いて配置を決めたので、隅までぴったり収まりました。

脇に置いたキャビネット

机の左脇の木製キャビネットは、ニトリで購入。玄関に近いので、外出時に使うハンカチやカイロを収納して。お風呂上がりのスキンケアもここでするから、塗り薬や湿布なども入れておくと便利です。

ワークスペースは すっきりと

組み立て式の
ユニットシェルフに

ウォールナットの
突板タイプを選んだので、
表面がパサつかないよう、
組み立てたあとに
オレンジオイルを塗りました。
つやが出たことで
上質な雰囲気になった気がします。

引っ越しをして、キッチンの次に整えたのがワークスペースです。服のコーディネートや本の撮影内容を考えたり、原稿を書いたり。時には、インテリアのスタイリングを思案することも。十五年以上、家で仕事をしていますが、いつでも仕事ができる環境が整っていることで、はかどり方が随分違うから、私にとってはとても大切な場所なのです。

この家では、リビングと繋がっている二畳の小部屋をワークスペースにすることに。扉を開けておくことが多いので、リビングから見えてもいいよう整えました。パーツごとに買って組み合わせることのできるニトリの棚を、壁一面にきれいに収まるよう計算しながら揃え、大容量でもすっきり見える収納スペースに。ここを終《つい》の棲家《すみか》にとは思っていますが、この先の状況がどう変わっても、いざとなったら引っ越しも移動もしやすいように、造りつけではなく、気軽に運べるユニット家具を選びました。

部屋の幅ぴったりに収まっているように見えますが、棚を四列入れるには数センチ足りなかったので、右端は枠を入れず、引き出しパーツだけを重ねることで、無事収めることができました。この整然とした佇まいがとても好きで、小さな二畳の部屋でも、工夫すれば、無駄なくすっきり収

納できるのだと、うれしくなりました。

　前のマンションのワークスペースでは、見せる収納を楽しんでいましたが、今の家は空間を仕切らなかったことで、全体が見通せるからか、雑多なものが目に入ると、途端に散らかった印象に見えます。最初は扉をつけていなかった棚もありましたが、収納したものが雑然と見える部分には、あとから扉を追加して、隠す収納に変更しました。この棚は組み立て式なので、そんな風に、あとから扉や引き出しを追加したり、中身の場所を移動したりでき、その時の暮らしに合わせて自在に変えられるのも便利なところです。

　幾つかの仕事が重なると、どうしても書類や資料がかさばります。必要な時に目当てのものをさっと出せるよう、無印良品のパルプボックスをこの棚の中に収めて、分類できるようにしました。仕事は相手の方と相談しながら進めることも多いから、締め切りが迫って焦っていたり、疲れがたまっていたりしても、和やかに会話できるよう、自分の心を整えておくことが大事。そのためにも、ワークスペースは効率的に気持ちよく使えるようにしておき、ここに必要なものが揃っているから大丈夫と、安心できる空間になっていたらと思うのです。

引き出しの深さに合わせて収納

オープン棚、扉つき、引き出しなどの種類からパーツを選んで組み合わせられるニトリのユニットシェルフ。引き出しは深さ違いで三サイズあるので、一番浅いものには届いた手紙など、写真奥の、中間サイズには筆箱やめがねを。写真手前の一番深いものには一年分のノートのストックを入れています。

壁につけたフック

ちょっとした外出に使う布バッグを壁にかけて。イオリスペースのフックは、棚に合わせてウォールナット材のものを選びました。

オープン棚

棚上部には、くつろぐ時に見たくなる、インテリア雑誌や料理の本を並べています。背表紙が派手なものは、無印良品のファイルボックスに入れて、隠す収納に。

扉の中

以前から使っていたイケアの書類トレイを棚の中に。細々とした文房具を入れるとちょっと乱雑に見えるから、扉をつけました。

扉の中

無印良品の引き出し型のパルプボードボックスが、ジャストサイズ。領収書や書類を仕事ごとに分類するのに便利です。

使い勝手を引き継いだサニタリー

サニタリースペースの洗面台は、私にとって「すっきり汚れを落とす場所」です。洗濯なら、汚れや匂いを取るためにつけ置きしたり、服にできたしみを部分洗いしたり。掃除なら、雑巾も洗うし、壁などを補修したあとのペンキの筆を手入れすることもあります。大ぶりの枝を庭から切ってきたら、小さな虫や埃を、ここできれいに洗い流すことも。水洗いをすることがたくさんあるから、洗面台はしみや汚れを気にせずに、使える場所になればと思いました。

サニタリーでは、長年続けている習慣も多く、作業は手慣れています。だから、できるだけ使い勝手をそのまま引き継げるよう、以前のサニタリーを再現しようと思ったのです。そう決めたら、いろいろなことがすんなり決まっていきました。壁づけのキャビネットを、以前と同じように幾つかつけ、洗面台の水はねから洗濯機を守るカバーも、L字の形で造りつけてもらいました。これまで通り、この上にホーローのたらいを置いて、大切なニットをつけ置き洗いしています。

今回、新しくしたのは洗面台。以前、マンションで使っていた洗面器が、とても気持ちよく使えていたので、今回も同じものにしようと考えていました。ただ、以前の洗面台は造りつけだったため、今回は同じサイズで、メラミン樹脂素材のものを選択。簡単に拭くことができるから、とても使い勝手がよくなりました。今のサニタリーは、建具や回り縁がチェリー材の色合いなので、統一感を出したくて、木目調にしたのも気に入っています。

洗面台の収納は、必要なものをその時々でそこから持ち運べるよう、持ち手つきのボックスに入れてしまうことに。以前のサニタリーを再現しようとしたことで、今までの使い方を再認識でき、新たに、より使いやすくなりそうなヒントも幾つかもらいました。使い勝手を引き継ぎながらも、手入れや掃除はぐんと楽になり、心地よく過ごすこともできる、好きな空間になりました。

洗面台は手入れしやすい素材を選んで

天板がメラミン樹脂素材の洗面台は、
サンワカンパニーのカフェウッドという色のもの。
洗濯機の上に置いた、無印良品の引き出し式の
収納ボックスには、タオルを入れています。

日々、使うものは
壁づけの棚に

窓際に、サイズオーダーができる
サンワカンパニーの
ピッタラという壁面収納を設置。
ハンドクリームや入浴剤、綿棒、
来客用ハンドタオルなどを並べて。

ミラーキャビネットで収納スペースを増やして

限られた空間の中で、できるだけ収納スペースを増やしたくて、
後ろが棚になっている鏡を選びました。
丸い鏡が扉のようになっていて、ここを開くと歯磨きセットを収納できるようになっています。

洗剤は持ち運びしやすい持ち手つきボックスに

洗面台の下には、シャンプーなどのストックの他、様々な場所で使う洗剤を収納。
サニタリーは一階にあるので、二階で掃除をする時も持ち出しやすいよう、
洗剤は掃除用、洗濯用に分けて無印良品のポリエチレンケースに。

よく履く靴だけを玄関に

玄関先がすっきり整っていると、気持ちも整います。一軒家に住み始めて驚いたのは、玄関先に外からの土埃や小さな虫が入りやすいこと。朝、三和土《たたき》を掃いても次の日には、また汚れているのです。北側の玄関で湿気が多いこともあり、風が通り抜けるような場所にしたかったので、靴箱はマンションの時よりもあえて小さめなものを選びました。今はそれがよかったと思っていて、ずっと大切に手入れをしながら履いている靴を、埃やかびから守るためにも、季節ごとに入れ替えながら、よく履く靴だけを選んで、ここに収納しています。

頻繁に履いているものは、夫のものも私のものも、すぐ手に取れるよう、廊下側から見て手前のほうに入れています。最近は、ちょっと抜

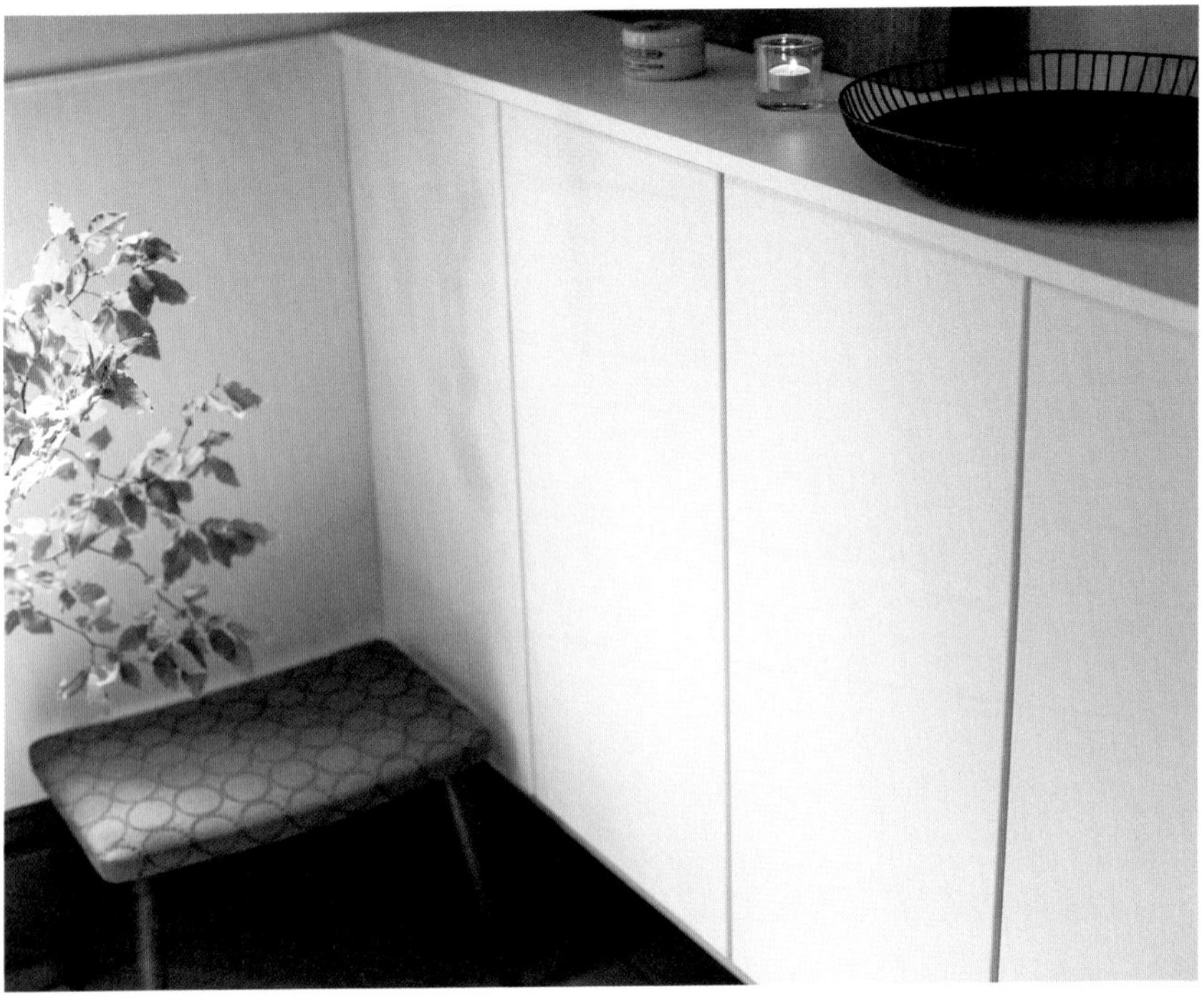

狭い玄関なので、靴を履く時に、取っ手に頭をぶつけたり、服を引っかけたりしないよう、
扉はプッシュ式のものを選びました。
取っ手のない縦長の白い靴箱は、玄関先がすっきりした印象になり、おしゃれに見える気がします。

け感が欲しくて、ウェッジソールのものや、かかとが太めのサンダルを履くことが多くなりました。靴からコーディネートを決めることもあるので、手に取りやすい場所にあったほうが、何かと便利なのです。

この先もずっと履き続けたいレペットの靴は、箱のまま収納することに。革が薄くデリケートなのと、エナメルのものや、ラメ入りのグリッターのものも多いから、埃がなかなか取れにくい気がするのです。中身がわかるよう、箱に大きめの写真を貼って保管しています。

その下には夫が休日に履いているブーツを。奥行きが二タイプから選べたので、夫の靴も隙間をあけて収納できるよう、奥行きがあるほうを選びました。

季節外れの靴は、玄関近くのクロゼットルームにしまったことで、今必要なものだけをここに集約できて、靴選びがしやすくなりました。改めて確認してみると、今履く靴は意外と限られているなと感じています。

中の棚板は濃いグレーの樹脂製なので、靴跡がつきにくく、拭くだけできれいになります。
湿気やかびも気になるから、調湿機能のあるエコカラットプラスの端材を隅に入れて。
年に二、三回は、靴箱と靴のメンテナンスをしようと思います。

使う場所に合わせた収納

収納を決める際に感じたのが、今の家は一階と二階に分かれているので、物や道具を使う場所が多岐にわたるということでした。ワンフロアのマンションとは違い、種類別に集約してしまうと、使いたい時に収納場所がそばになくて、どうしても効率が悪いのです。それで「使う場所に使いたいものが揃っている」というのを目標にして、収納方法を改めて考えることにしました。

場所ごとに使うものを書き出してみると、同じものを複数の場所で使っていることに気づきました。例えば、ペンやハサミなどの文房具類は、仕事部屋だけでなく、手紙を書いたりノートに書き込んだりするダイニングや、机代わりにもしているドレッサー、荷ほどきをしたり荷物を出したりする玄関先にもあると便利です。

よく使う薬も書き出してみると、お風呂上がりに必要な塗り薬や湿布薬、食後に服用する常備薬、怪我をした時に緊急で使うものに、分けられることが判明。それぞれすぐに手に取れるよう、浴室近くの引き出し、ダイニングにも収納場所を作りました。切り傷の手当てをする絆創膏は、慌てず使えるよう箱にまとめて、キッチンの棚に。必要なものが手の届く場所にあることで、すぐに使えるから安心です。

同じ種類の道具でも、用途によって別の場所に収納しています。衣類用スチーマーは、外出時にハンガーにかけたまま使うことが多いので、一階のクロゼットに。洗濯後にかけるアイロンは、アイロンをかけがてら好きな動画を観ることが多いから、二階のリビングに。花瓶も、小ぶりのものは水替えしやすいよう、キッチン横の薄型収納に。大ぶりで玄関先で使うことが多いものは、一階のクロゼットに飾りながら収納することにしました。

暮らしていくうちに、段々その場所で必要なものが明確になってきました。収納する場所が定まる度に、家族がまごつかないよう、共有しています。今もまだ現在進行形で、より使いやすい収納を考えているところですが、物の居場所＝使う場所になりつつあるからか、ここのところストレスなく使えるようになりました。その場所に合った収納に整えることで、何でもさっと手に取れるようになったら、心から「住み慣れたわが家」と言えるようになりそうです。

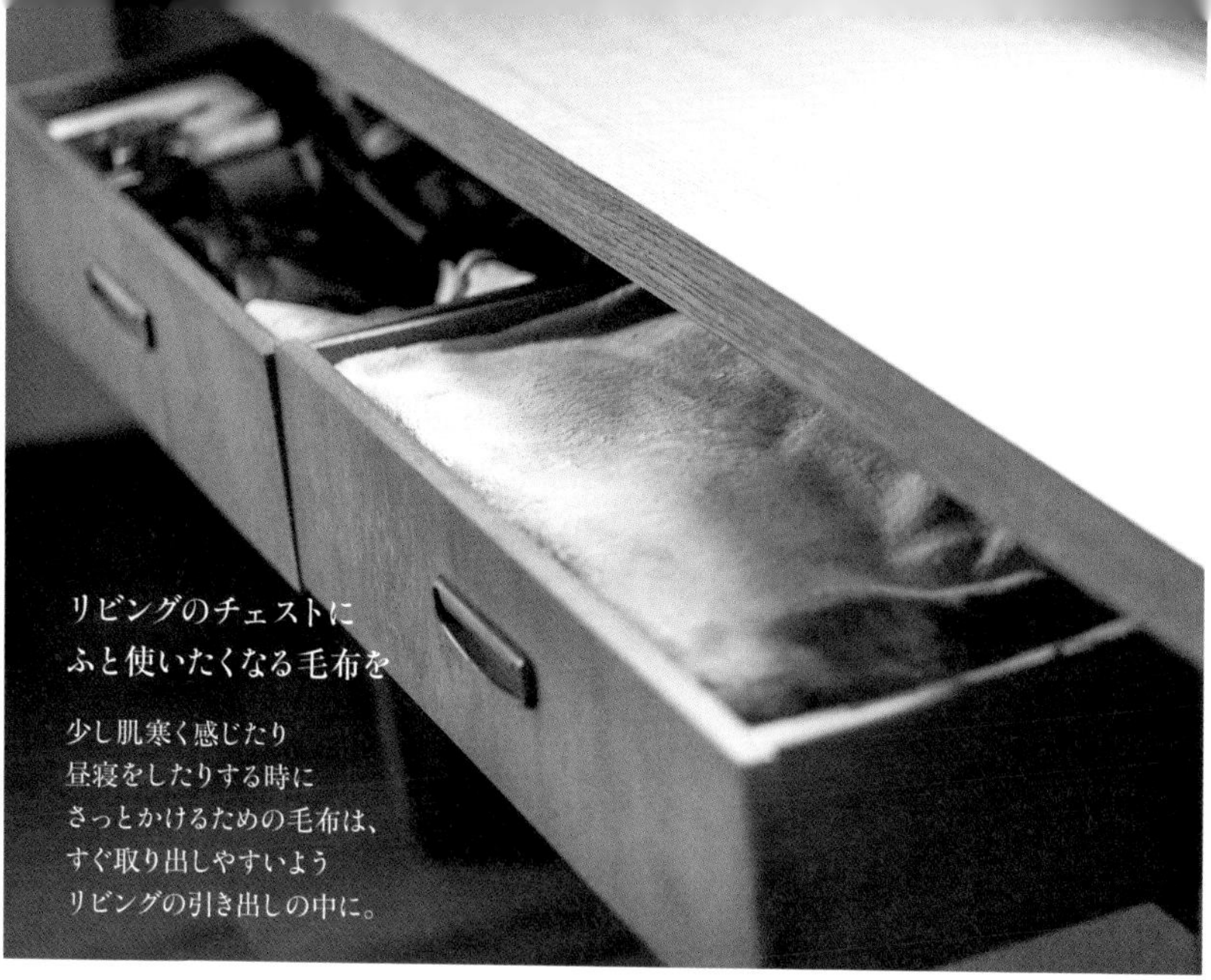

リビングのチェストに ふと使いたくなる毛布を

少し肌寒く感じたり
昼寝をしたりする時に
さっとかけるための毛布は、
すぐ取り出しやすいよう
リビングの引き出しの中に。

キッチン脇の棚に花器や日用品を

いつもキッチンの流しで花を生けるから花瓶は
キッチン脇に設置した棚に並べて。棚の右側には、
よく使う文房具類や絆創膏などを入れた薬箱を。
よく通る場所なので、じゃまにならないよう
ディノスで薄型のキャビネットを選びました。

キッチン下のワゴンにサプリメントを

食後に飲むサプリメントは、
ダイニングテーブルの近くにあるのが便利。
食材をストックしているワゴンの上段に
まとめています。

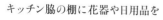

日用品の収納は家族も使いやすいように

以前住んでいたマンションは、どこに何を収納するかを細かく決めてからリノベーションしたので、物の形やサイズにぴったり合った収納を作ることができました。今の家は、造りが好みだったこともあり、大がかりな改装はしなかったから、元からあった収納場所のサイズを確認しながら、使うものや使う場所に合わせた収納の仕方を探しました。

中でも工夫したのが、階段下収納。広さは一畳半ほどなのですが、ある程度高さもあるので、ここに洗濯用のハンガーなど、細々とした日用品を集約することに。洗剤やトイレットペーパーなどの消耗品も、一か月外出しなくても切れることのないよう、ここにストックしています。ほとんどが生活必需品なので、大まかにどこにあるのか、誰にでもわかるようなしまい方になるよう、気を配りました。「日用品は、ここを見れば必ずある」という状態にしておけば、家族もバタバタと探しまわることなく、スムーズに使えそうです。

ただ、開口部が一メートル弱と狭く、奥行きがあるうえ電気もつ

換気扇フィルターなどの、細々としたメンテナンス用品を集めた収納ボックス。夫も使うので、中まできちんと整理しなくても「この中を探せば必ずある」を優先することに。

別の場所でも使うものは持ち手つきのボックスに。タックシールに中身を書いて貼っておき、在庫がなくなったらシールを剝がすという方法で中身を管理しています。

いていないので、どのように収納すれば使い勝手がいいのかを、夫とふたり、二か月ほどかけて試行錯誤。収納は、はじめにちゃんと整理をしておけば、あとがぐんと楽なので、一度しまいたいものを全部並べて、取捨選択する作業から始めました。ハサミひとつとっても、紙用、花用、針金用と用途別に様々な種類があるのと、使う頻度は低くても必要なものもあるから、その整理にとても時間がかかったけれど、先にしておいて本当によかったと思います。

この階段下収納は、右は洗面所、左は玄関という位置にあるため、洗面所の収納に入りきらない、掃除用スポンジや雑巾などのストックや、玄関で荷物を出す時に使うハサミやガムテープ、荷造り紐など使用頻度の高いものを、種類ごとに分けて白い収納ボックスに入れて、棚の中に並べています。奥行きがあるので、かびが生えないように、奥まで空気が流れる空間作りを心がけながら、棚を配置していきました。

はじめはボックスの中身もきれいにしておきたいと思っていたのですが、急いで取り出したり、何度も出し入れしたりするうちに段々と乱れてきました。私はついきちんと整理したくなるのですが、家族で使う収納なので、大切なのは「ここに必ず入っていること」。そう考えると多少、雑に入っていても「これで大丈夫」と思えて、気持ちがすっきりしました。

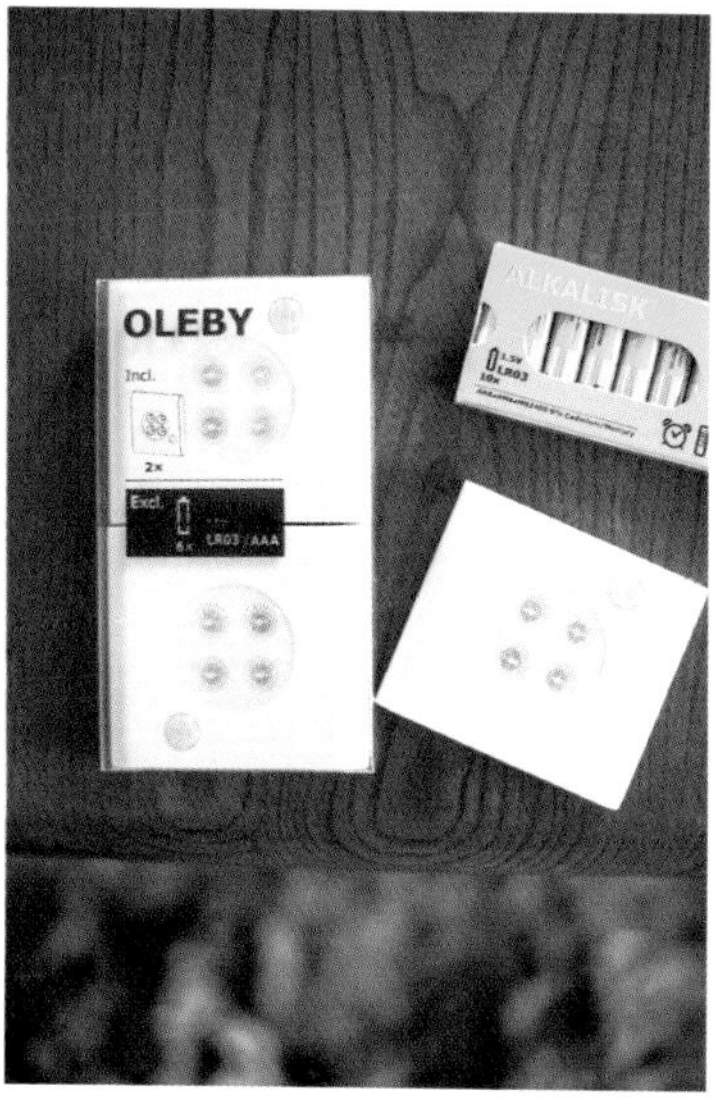

照明がなかったので、イケアで人感センサーつきライトを購入。電池式で、両面テープでつけられるから、どんな場所でも、簡単に取りつけることができて便利です。

手前は、エレクターの棚にニトリの収納ボックスを並べ、中に日用品を。奥には、使う頻度が低い工具やペンキ、電球など、家のメンテナンスに必要なものを収納。

四章　家仕事

HOME
For the best smile.
Multi cleaner
glass&roon cleaning
house cleaning
Natural Floral

日々は習慣に助けられている

自分なりの習慣を作ると
家事がスムーズに

料理、洗濯、掃除は毎日のことだから、
余計なことを考えなくても
自然と手が動くよう、
それぞれの習慣をアップデートしながら
身につけておくように。

コロナ禍で非日常が続いた、引っ越し前後の時期を経験して、習慣の大切さに改めて気づきました。習慣があると、毎日何も考えずに家事を進められて、疲れや大変さを感じにくい気がします。これからの毎日を幸せに導くための習慣は、「明日の自分が何も考えなくてもすっと動けるように、体に記憶させておくもの」だと感じています。この先、何かをしようとした時に「大丈夫、これならやれる」と思えるように、習慣が背中を押してくれる、そんな存在になってくれたらと思うのです。

料理をする時は、まずキッチン台とカウンター、テーブルをすべて拭き、使いたい器をテーブルに並べてみます。そうすることで、食事の支度が整った時のわくわく感が先取りできるから、そのあとの作業を楽しく進めるスイッチになるのです。また、朝起きて口をゆすぐのと同時に洗濯に取りかかると、洗濯を終わらせた状態で清々し

い朝を過ごせて、一日がとても緩やかに流れるから、これも新しい習慣に加えることにしました。

身につけた習慣がたくさんあると、あまり考え過ぎることなく、自分を上手く動かせるから、心穏やかに過ごせるような気がします。掃除もやっと、わが家に合う仕組み作りがわかってきて、その中に、「簡単にきれいになる整え方」も用意することができました。

そうして今の自分に合うように、日々更新しながら、暮らしに馴染む習慣作りをしておくと、きっと歳を重ねても、自然と体が動くようになるはず。私はあまり融通のきかない性格なので、つい「これをしなければならない」と頑なになってしまうこともあるから、くつろぐことをあとまわしにせず、「ちょっとサボってもいい日もあるよね」と、思いっきり自分を許す心がけも、習慣のひとつに加えられたらと思います。

いざという時のための練習

非常食はアレンジの仕方を
幾つか用意

ミネストローネなどのスープは
そのまま飲むのもいいけれど、
これをベースに、
少し腹持ちのいい食事にすることも。
トマトジュースと真空パックのごはん、
冷凍野菜のブロッコリーといんげんを加えて
仕上げにチーズを加えればリゾット風に。
缶詰のミックスビーンズを入れるのも
美味しそうです。

この家に住んではじめて、大きな台風が来た時のこと。その日は、テレビで何度も「避難準備を」と呼びかけていました。それを聞いて「屋根が飛んでしまうかも」「窓ガラスが割れたらどうしたらいい?」と、マンションに住んでいた時は、あまり気にならなかったことが、一軒家に住み替えたことで途端に心配になりました。

窓ガラスにテープを貼る準備をしたり、室内に物が飛んで来た時のために、ブルーシートや段ボールを用意したりする中で、もうひとつ心配だったのが食事です。これまであまり既製ものに頼ってこなかったこともあり、スーパーで冷凍食品やレトルトのコーナーをよく見たことがなく、非常時にどんなものが適しているかもわかっていませんでした。

わが家はオール電化で、停電した時にコンロも電子レンジも使えなくなるので、いつかは買おうと思っていたカセットコンロを購入。カセットガスはそんなに長くは使えないから、できるだけ加熱時間をかけずに作れるように、お湯を沸かすだけでスープが作れるフリーズドライ食品や、自然解凍すれば食べられる冷凍食品や冷凍野菜を準備しました。それらを選ぶ中で、冷凍野菜やレトルトカレーには、加熱が必要なものと、そうでないものがあることも、はじめて知りました。

災害が起きてから慌てることのないよう、事前に試しておこうと、夫と一緒に楽しみながら試作を。「これはチーズを入れると、もっと風味が増すかもしれないね」「冷凍野菜を入れたら、彩りだけでなく栄養面でもいいかも」「加熱なしでOKなものだけど、少し温めると美味しく食べられるね」などと、より美味しく食べるための工夫も幾つか見つけられました。

幸い台風がそれたので、わが家の周辺は被害がありませんでしたが、非常時、温かい食事はきっと、普段以上に心の支えになるはず。これからは必要なものの準備を整えつつ、ひと手間かけると美味しく食べられるものを探したり、試しに普段の食事に取り入れてみたりして、災害に備えておくつもりです。

ミネストローネは、
無印良品のフリーズドライを使いました。日持ちするうえに、かさばらず、作るのも簡単で、美味しいのです。
幾つか常備しておくと安心です。

ひと手間かけることを楽しむ

冷蔵庫を開けた時に、色とりどりの食材がぎっしり並んでいる様子を見ると、とても幸せな気持ちになります。この状態をキープすることが、私の日々の目標で、一番気持ちが充実していると感じるのも、食事の下ごしらえをしている時です。仕事が立て込むと、時間がなくて、食事の支度がつい億劫に感じることもあるから、この下ごしらえが暮らしの支えになるように、時間がある時は、次の日のためになるようにと、下ごしらえにひと手間をかけるようになりました。

以前は、日曜日にまとめて準備していた作り置きを、最近は夕食の支度をする時にも、何かひとつプラスして作るように。例えばカレーで人参を使ったら、余分にゆでておき、太い部分はスティック状にカットして保存したり、細い部分は輪切りにして、冷ややっこやサラダの彩りに添えたりしています。サラダに胡瓜を使ったら、もう一本を千切りに、さらにもう一本は浅漬けにしておき、次の日にいただくようにしています。

今、わが家でブームなのは、オクラのおひたし。三袋ほど買ってきて、まとめて作り置きしているのですが、一日二日経ったほうが美味しくて、すぐになくなってしまうほどの人気メニューに。また、たまにビーツや紅芯大根など、見た目が鮮やかな野菜を用意しておくと、気分も華やいで、盛りつけが楽しみになります。

そんな風に、今日の五分の下ごしらえが、明日の美味しさに繋がるのだと考えて、余力がある時に少しずつ準備。冷蔵庫の中が、下ごしらえしたもので充実していると、夫が居て三食作る日もすぐに支度ができるので、苦になりません。

長年、野菜がメインの作り置きをしてきたのは、家族の健康を考えてのこと。今年、生命保険の十年ごとの更新年で健康診断があったのですが、何も問題なく終えることができました。食べたものが体を作るということを改めて感じて、これからも食事作りを頑張ろうと、励みになりました。

ひと手間かけておくことで、日々の料理がスムーズになります。気分よく作れたほうが、食事の時間も和やかに過ごせるから、ちょっと疲れている時も、この下ごしらえに助けてもらいながら楽しく支度しようと思います。

WECK
1日分
VITAMIN
in
12種類
マルチビタミン
小岩井
生乳100%
ヨーグルト
WILKIN & SONS LTD
Tiptree
'SWEET TIP' RASPBERRY
CONSERVE
TIPTREE·ESSEX·ENGLAND
SUPER FRESH ROOM

新しく暮らしに迎えたもの

幸せな朝を運んでくれるトースター

パンを焼く時は、給水口に水を五cc入れてスイッチを入れると、庫内にスチームが充満します。チーズにフライドガーリックとディルをのせ、レモンオリーブオイルをかけて焼いたチーズトーストが、わが家の定番に。

十年以上使っていたこともあり、随分前からパンの焼きむらが気になっていたトースター。夫はずっと「早く新しいものに買い替えたら」と言っていたけれど、気に入っていたので、なんとなく騙し騙し使い続けていました。そんな中、うれしいことに引っ越し祝いにバルミューダのトースターをいただきました。

いろいろな方から、とてもいいと聞いてはいたのですが、実際に使ってみてそれを実感。普通の食パンもサクッと焼けて、今までなら表面が焦げていたクロワッサンも、ほどよい焼き色で、びっくりするほど美味しくて。今はいろいろなパンの焼き方を、少しずつ試しています。美味しいパンを食べると笑顔になるから、わが家では「家族が幸せになるトースター」と呼んでいます（笑）。

デザインが好きで十七年間使った冷蔵庫も、とうとう買い替えることに。以前、空調の修理に来てくださった方が、冷蔵庫から響くガタガタという音を聞き「近いうちにだめになりますよ」と教えてくれたので、それなら壊れる前に探そうと、重い腰を上げることにしたのです。

わが家の食卓は野菜が中心だから、野菜室が見やすく、取り出しやすい位置にあることが必須。作り置きはする

野菜室が使いやすい冷蔵庫に

野菜室が中央にあって、出し入れしやすい冷蔵庫。広さも十分なので、
一週間分の野菜をまとめ買いしても、ぎっしり詰め込まずに、余裕を持って置けるようになりました。

けれどふたり分なので、冷凍室はあまり広くなくて大丈夫。シンプルなデザインで、汚れが目立って掃除をしたくなる白であること。そんな条件と照らし合わせてみると、選択肢はふたつに。それぞれ、中の棚が強化ガラスか樹脂製かの違いがあり、食材の匂い移りしにくく、アルコールでさっと拭けて清潔に使えそうなガラス棚のものに決めました。

冷蔵庫を選ぶにあたり、もうひとつ注意したのがサイズ。わが家のキッチンは二階なので、階段を運び上げられるかどうかが心配でした。本当はもうワンサイズ大きめのものがよかったのですが、階段の幅や高さを確認したら通らないことがわかり、やむを得ずやや小さめのものを選ぶことに。改装時に、リビングから冷蔵庫が見えないよう、側面に壁を作ってもらったので、来客中も気遣うことなく冷蔵庫の扉が開けられるようになりました。

今回新調したどちらも、実際に使ってみると、早く買えばよかったと思うことばかり。それでも大切に使い続けるためには、自分なりに下調べをしたり、比較検討したりする時間も必要だったと思うのです。その時間があったからこそ、使い方もすんなり覚えられて、納得のいく物選びができたような気がします。

ずっと続けている掃除の習慣

私は気持ちのいい空間で過ごすのが、何より好きなのだと思います。部屋がきちんと片づいていると、なんとなく心が落ち着くのです。そのための掃除は、毎日の積み重ねだと思っていて、普段からこまめに掃除するよう心がけています。

私の場合、あとまわしにすると、つい見過ごしてしまうので、なるべく毎日掃除することを習慣にしています。そこまで汚れていない時に掃除をすれば一分で終わるものが、月日が経つと丸一日かかってしまうこともあるから、今できることは、今するようになりました。

日々していることは、すべてほんの数分の積み重ねです。料理をしたらＩＨコンロの表面を磨いて、換気扇や壁まで一気に拭き掃除。電

油が気になる換気扇

まず、厚手のリード業務用調理ペーパーで水拭きし、ネピアのキッチンタオルで、乾拭きを。仕上げにアルコールスプレーをして、拭き上げます。

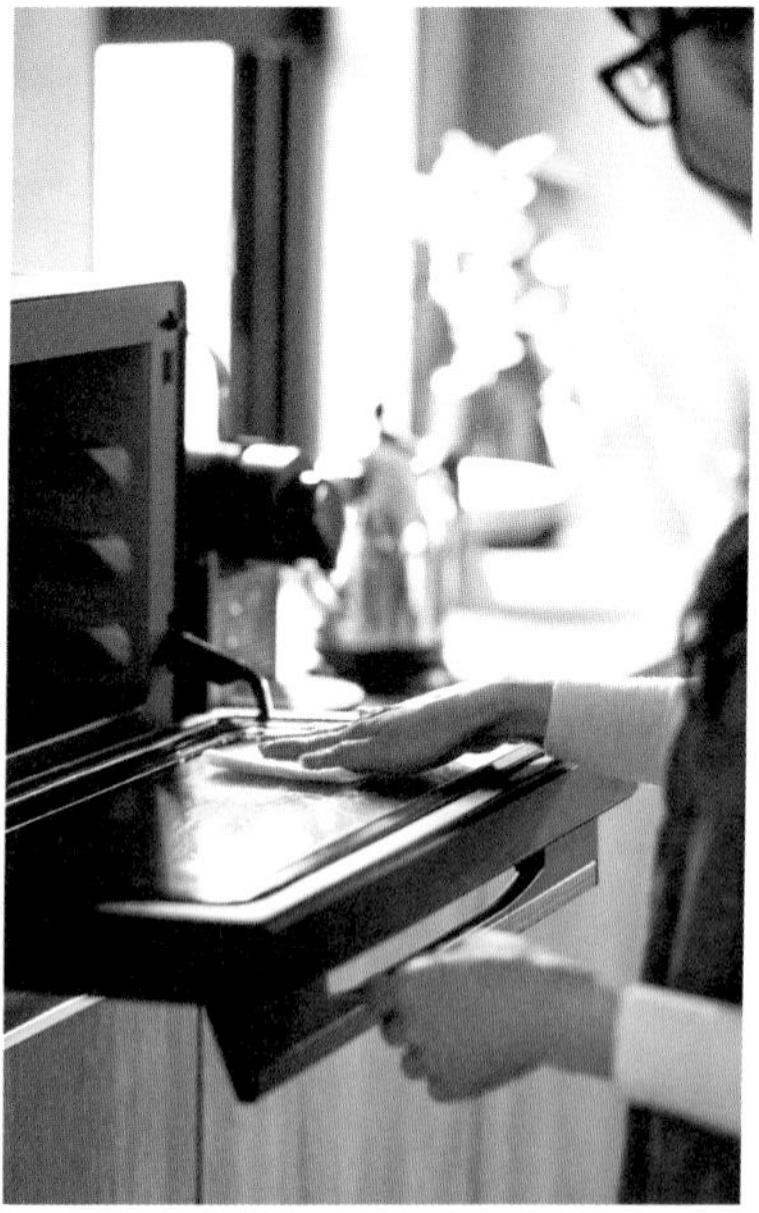

電子レンジは使ったらすぐに拭き掃除

アルコール配合のウェットティッシュやお湯で濡らしたキッチンペーパーですぐに拭いたら汚れがすっきり取れます。

子レンジも、使い終えたらさっと拭いておきます。また、一軒家は玄関に土埃がたまりやすいこともあり、三和土《たたき》はできるだけ毎日拭くようにしています。

書類の整理も、すぐに片づけないと、どんどんたまってしまうもの。何年か前までは、部屋に持ち込んで一週間ごとに仕分けしていましたが、たまっていく様子がどうしても気になってしまい、いつからか郵便受けから取ってきたら、玄関先で片づけるようになりました。引っ越し後もこの習慣は続いていて、玄関横のクロゼットルームにシュレッダーを設置することで、よりスムーズに終えられるように。

今の家に住み始めた当初は、どこから掃除をしようと迷ったのですが、「いつもやっているようにやろう」と思いながら続けてみたら、この家での新しい習慣が身についていました。習慣があれば、これから環境が変わっても、その時々に合わせて、私を手助けしてくれそうな気がするのです。

郵便物仕分け用のごみ箱を玄関に

玄関先で不要な郵便物やチラシを
すぐ片づけられるよう、ごみ箱を設置。
宛名が書いてあるものは、玄関横の部屋に
置いているシュレッダーを使って処分します。

玄関の床も毎日拭いて気持ちよく

毎日の玄関掃除は、クイックルワイパーの
ウェットシートで簡単拭き掃除。
汚れが落ちていないと感じたら、
ウエスに洗剤をつけて拭くようにしています。

掃除の新しい習慣

床の拭き掃除を加えて

床掃除はクイックルワイパーの
ウェットシートで仕上げて。
もともとは除菌のために
プラスした作業でしたが、
掃除機がけを省略した時も、
これで拭いておけば大丈夫と
思えるから、うれしい発見です。

今の家に住み始めてからしばらくは、ずっと愛用しているミーレの掃除機で家中の掃除をしていました。ある日、これを運んでいる時、階段でホース部分が外れてしまい、下に落としてしまって……。階段の上り下りがあるこの家で、重い掃除機を持ち運ぶのは危ないなと思うようになりました。

それで週に一度、丁寧に掃除をする日はミーレを使い、それ以外の日常使いには、マキタのスティックタイプの掃除機を使うようになりました。ヘッドの部分を絨毯用とフローリング用で取り替えられるからとてもかけやすく、コードレスで軽いから、どこでも気軽に持ち運んで掃除することができます。ヘッドが千円ほどとリーズナブルなので、トイレットペーパーの埃が気になるトイレ専用もひとつ用意しました。


以前の掃除は、ハンディワイパーでささっと埃を落としてから、掃除機をかけていましたが、そこに、フローリングワイパーのウェットシートで拭き掃除をする習慣をプラスしました。すると、これまでと違って、隅々まで埃が取れるようになったのです。疲れて掃除が億劫に感じる日は、掃除機がけを省略し、拭き掃除のみで済ませることも。フローリングワイパーは軽くて動かしやすく、持ち手の角度を変えればベッドや机、棚の下など、隅々まで届くから、部屋だけでなく、気持ちもすっきり整います。

今後、足腰や腕の力が弱ったら、きっとできないことが増えてくるはず。それでも心地よく暮らせるよう、楽してきれいになる方法を見つけたら、どんどん採用しようと思います。

トイレまわりはアルコールで

鏡面仕上げのペーパーホルダーなどの手入れには、スクラビングバブルのアルコール除菌トイレ用を活用。プッシュ式で使いやすく、乾拭きの手間も減りました。

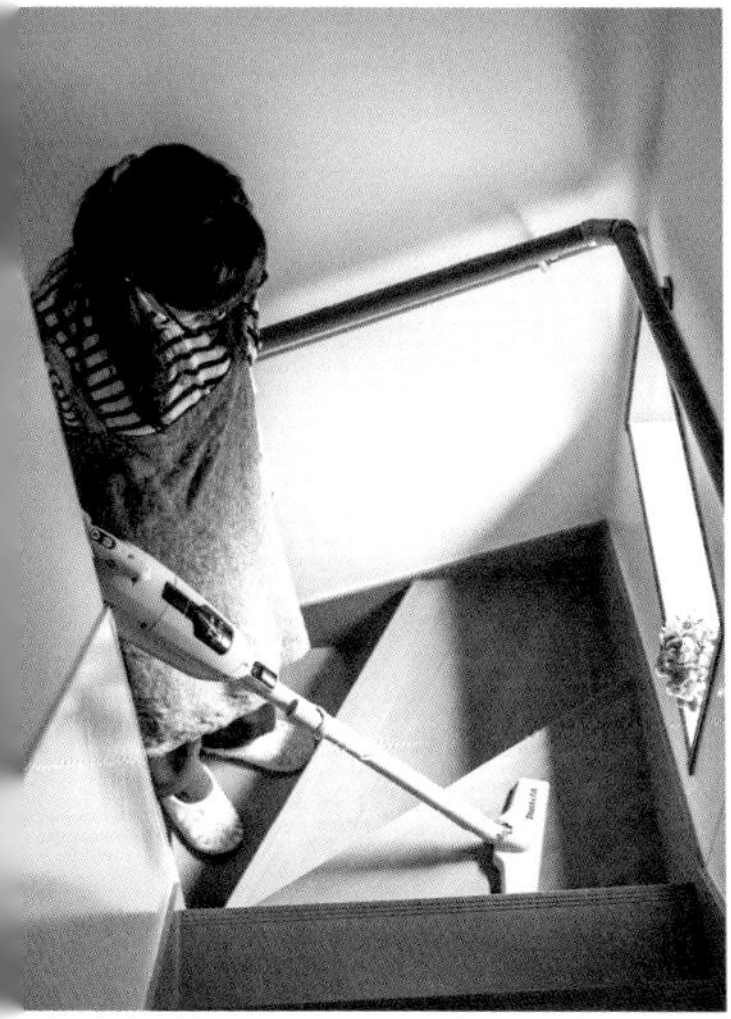

階段はコードレス掃除機で

軽くて小まわりがきく、マキタのスティック型クリーナーは、階段など狭いところを掃除するのにも便利。隅のほうはヘッドを外してかけています。

洗濯の新しい習慣

浴室と屋外で干す場所を使い分けて

埃や紫外線による色あせが気になる服やインナーは、浴室で干すようになりました。外で干すものも、一度ここでハンガーにかけて形を整えてから物干しに移動させます。

洗濯機は湿気が
こもらないように

洗濯機を使い終わったら、
中の掃除をしてから
扉を開け放ち、除湿機を使って
乾燥させるようにしています。

マンションに住んでいた頃は、横長のベランダに二列に物干し竿が並んでいて、広い空を眺めながら、洗濯物を干す時間がとても好きでした。ふたり分なので一日に干す量はそれほど多くないから、朝の時間を有効に使うため、洗濯は一、二日おきに。今は裏庭に設置した物干しに干せる量が少ないこともあり、毎日洗濯するようにしています。外で着た服や、日々使うタオルなどは、できるだけ翌朝に洗いたいから、干す場所が少なくてもちょうどいいと思っています。

なるべくなら、一日一回で済ませようと、その日洗う服を仕分けするようにもなりました。「今日はおしゃれ着が多いから、デリケート洗剤にしよう」「これは、シーズンオフで来年までしまっておくから、虫が苦手なシダーの香りの洗剤で洗おう」。毎日、それぞれに合わせた洗剤を選ぶのも、楽しみのひとつです。

最近は、天日干しをしたいタオルや靴下などは裏庭の物干しで、直射日光で色あせさせたくないデリケートな服は浴室でと、二か所に分けて干しています。浴室でも、浴室乾燥機と除湿機を併用すると二、三時間ほどで乾くのです。もし洗い忘れたものがあっても、この方法ならすぐに乾くから、気持ちが楽になりました。

洗濯を終えるといつも、清潔さを保てるように、洗濯機の中と扉のパッキンの間を拭き、洗剤投入口も外して洗っていました。それでも一度、洗剤投入口の底にかびを発見してしまったことがあり、それからは、使い終わったらすぐに洗い、引き出しておくように。扉も開け放ち、前に除湿機を置いて、中までしっかり乾燥させるようにしています。

文字にすると、一見手間のようですが、時間にするとたった一、二分。その行動が次の日の気持ちよさに繋がるから、手入れは汚れをためる前にしておいたほうが、この先の手間がぐんと減ると思うのです。

家仕事はふたつの方法を用意

茶葉と、ティーバッグ

よく飲む紅茶は、茶葉とティーバッグの両方をストック。
お手軽な方法で淹れたお茶でも、美味しく飲んでリラックスしたいから、
ティーバッグの説明書きはきちんと読んで、抽出時間を計りながら淹れています。

いつも通りの掃除と、楽する掃除

掃除を一日サボると、汚れを落としにくくなるのと、気持ちもなんとなく、
もやもやします。面倒な日は、ささっと拭くだけの簡単掃除に切り替えれば、
自分の中で納得ができ、心も落ち着きます。

サラダを用意する日と、
冷凍パスタに野菜を添えるだけの日

時間に余裕がある時は、ソースを作って、パスタをゆでて、
サラダも用意して……というのが、わが家の定番の昼食。
でも時には、好みの味の冷凍パスタにフライドガーリックや
ルッコラをのせるだけ、といった具合に、
さっと作ったほうが、気分よく食べられる日もあるのです。

若い頃は、茶葉から丁寧にお茶を淹れたり、幾つか揃えた掃除道具を、場所ごとに取り換えながら一日中掃除をしたりと、「丁寧に暮らしている」と思える作業がとても好きでした。今よりは、心と時間に余裕があったのだと思います。

今は家で仕事をすることが普通になり、家事をする時間がままならないこともあるから、すべてを楽しみながらとは言っていられなくなりました。朝食を終えたら片づけをして、少し作業をしたらお昼になり、それを片づけて仕事の続きをしながら、ほっとするために三時のお茶の用意をして。その後、仕事や掃除をしていたら、あっという間に夕方になって……。一日は、目まぐるしく過ぎていきます。

できれば、それぞれのことを丁寧にしたいと思っているけれど、ちょっと面倒に感じる日もあります。そんな時でも、心の負担にならないよう、割り切って手早くできる方法と、いつも通り丁寧にする方法、そのふたつを用意しておくことにしました。

お茶なら、茶葉からゆっくり淹れる日と、ティーバッグで簡単に済ませる日を。掃除も、はたきから始まっ

て掃除機まできっちりする日と、ウェットティッシュや床用のウェットシートで拭いて終える日を。

食事は一日三食作ると、どうしてもネタが尽きてくるのと、私の場合、支度に一時間ほどかかってしまうから、時には前向きに手を抜くことも大事だと思っています。そんな時にわが家でよく登場するのが、近頃は簡単に作れて美味しいものがたくさんある冷凍パスタ。気に入った調味料や野菜を添えたり、食器を工夫したり、食卓にキャンドルを灯して雰囲気を出したり。そんなひと手間を加えるだけで、ちょっと手軽な料理でも食事の時間がアップグレードするようです。

長年、習慣として家事をこなしてきたからか、どれが今のわが家に必要な家事なのかの見極めは、簡単につけることができました。取捨選択したり、少しだけ楽をする方法を用意したりすることで、心にも時間にも余裕ができ、窓の外を眺めながら緑と青空を感じたり、愛猫と遊んだり。ささやかな自分時間を作ることで、生活に潤いが生まれるようです。私にとって、家事は好きなことだから、これからも幸せに続けるための、ちょっとした工夫です。

食事の時間を楽しむために

たわいもないことや、これからの暮らしのことなど、様々なことを
話しながら過ごす食事の時間は、私たち夫婦にとって何より大切なもの。
疲れているのに無理して凝った料理を作ることで、
楽しい雰囲気でなくなってしまったら、本末転倒です。
これからも肩の力を抜いて、やさしい気持ちで、
一番大切な時間の支度をしていけたらと思っています。

新装版の刊行に寄せて

中古住宅を引き継ぐ形でこの家に住み始めてから、もうすぐ四年になります。先日、以前ここにお住まいだった方と電話でお話しする機会があったのですが、月日が経つのは本当に早いですねと言いながら、お互い近況報告をしました。

引っ越してきてすぐコロナ禍になり、リフォームの材料が揃わなかったり、サンプルを確認するために訪れるつもりだったショールームが一時閉鎖になってしまったり。思いもよらないことが様々あったけれど、あれこれ迷ってしまうことの多い私でも、のんびり構えてじっくり考えられたことで、焦らず進めることができました。そういう意味では、いいことのほうが多かったように思います。その後も住みながら少しずつリフォームを続け、今年の春、ようやく形になった気がしています。

ちょうどそんな時、引っ越した頃のことを書いた本『家時間』が新装版として刊行されることになり、改めてゆっくり読み返してみました。新たな住まいでも家族が心地よく暮らせるようにと頑張っていた、当時の記憶が蘇ってきて、とても懐かしい気持ちに。巣ごもりをしているような生活を送りながらも、その中でできることはたくさんあったのだなと、振り返りました。

ここに越してきて楽しみのひとつになったのが、窓から外を眺めること。朝起きて、

ダイニングやリビングのブラインドを開け、「朝の月って、きれいなんだなあ」「柿の木にこんなにたくさんの鳥が集まっている」など、それまでは気にも留めていなかった様々なことに、日々心を打たれています。四季折々の移り変わりにも、いち早く気づけるようになりました。

また、インテリアに対する考え方も、随分変わった気がします。長年培ってきたものが、自然とその人の顔に表れるのと同じように、インテリアにも滲み出る気がするのです。以前はいろいろなものに興味があって、多くのものを部屋に飾ろうとしていたし、部屋に遊びにくる友人や仕事仲間におしゃれだと思われたくて、しょっちゅう模様替えをしていました。でも今は、本当に好きだと思えるものと一緒に暮らせたら、それだけで幸せだと思っています。また、好きなものは、あちこち飾り替えず、いつも同じ場所にあるのがいいと思うようになりました。手入れを大変だと感じることのないよう、飾るのは少しだけにしています。

今はもう、長年ここに住んできたように感じるほど、馴染んできたわが家。ここが、家族の気持ちと体を緩められる場所になってくれたらと願っています。ちょっと疲れた日でも、家に帰れば元気になれるとか、何か気がかりなことがあっても、家族と食事をしながら笑い合えば気が楽になるとか。この家でささやかな幸せがたくさん生まれるように、そして、家時間が毎日楽しいと感じられるように、のんびりと整えていこうと思います。

皆さまにも私にも、ささやかな幸せがたくさん訪れますように。

住み替えてから少しずつ見直していること

1 砂利敷きの庭は二回に分けて コンクリートタイルにリフォーム

もともと砂利敷きだった庭は、手入れがしやすいよう、コンクリートタイルにリフォーム。ガーデンテーブルを置いてお茶をするなど、わが家の第二のリビングのようになりました。

ただ、防犯のことも考えて、人が歩いた時に音がするよう、端のほうは砂利敷きのままにしていたところ、これがけっこう大変。砂利の間に入った細かい落ち葉を集めようとブロワーを使うと、砂利も一緒に飛んでいってしまうのです。さらに、下に防草シートを敷いたにもかかわらず、雑草が生えてきて……。そこで思い切って、砂利敷きを残した部分もコンクリートタイルに変更することにしました。

そのため、防犯上、夜も安心して過ごせるよう、庭のあちらこちらにソーラーライトを設置。裏庭だけでも十個ほど置いています。二階のリビングから庭を見下ろすと、やさしい灯りに包まれて、いい雰囲気。きれいな月を眺めたい時、虫の声を聴きたい時など、夜でも気軽に庭に出られるようになりました。

2 本棚のつもりが、好きなものを飾りながら保管する場所に

この家で暮らし始めてから、リビングに作りつけてもらったグレーの本棚。オーダーした時は、よく手に取る本を並べようと考えていました。それが実際に出来上がってみると、ここに木が並んでいると部屋全体が少し窮屈に見える気がして、少しの間、何も置かずにこの棚を眺めて過ごすことに。

ある日、花の飾り替えをする中で、ふと、この棚を大きめの花器の仮置き場にしたことがありました。すると、窓から入る光がガラスの花器に当たり、その様子がとても美しかったのです。思いがけず、部屋でずっと眺めていたくなるような景色に出会えたことで、その日からこの棚は、好きなものを飾りながら保管する場所になりました。

さらに後ろの壁には、棚のグレーに合う色調の機能性壁材エコカラットを追加。壁紙の時よりも、部屋全体がキリッと見えるのに気持ちは和む、居心地のいいリビングになっています。

3 靴箱は、白いメラミン素材から温かみのある突板に変更

靴箱は当初、水拭きしやすくて、玄関がより広く見えそうな白いメラミン素材のものを選んで、取りつけてもらいました。それは、以前住んでいたマンションをリフォームした際、扉を無垢材にしたら、温度差や湿度で反ってしまった経験があったから。

ただ、実際に暮らし始めて、家全体のインテリアが仕上がってくると、玄関だけが少し浮いている気がしたのです。また、当時コロナ禍で、玄関先で人を迎えることも多かったため、ここがもう少し温かみのある空間になったらと思うようになりました。

ちょうどその頃、靴にかびが生えてしまったこともあり、その靴箱をリメイクすることに。まずは靴箱内の空気の流れがよくなるよう奥行きを出し、扉と靴の間に隙間を作りました。また、リビングの家具のような雰囲気を目指し、天板や扉には突板を使い、表面は水に強いウレタン塗装に。これだけで印象がガラリと変わり、落ち着きのある玄関になったと思います。

4 格段に進化したフロアタイルに張り替えたサニタリー

以前住んでいたマンションのサニタリールームの雰囲気がとても好きで、使い勝手もよかったので、それを踏襲して転居前にサニタリーをリフォーム。最初はベージュに近いアイボリーのフロアタイルを張っていました。

ところが三年ほど経った頃、端のほうが浮いてくるように。めくってみると、リフォームの際、もともとあったシートを剝がさず上に重ねて張っていて、それが原因で浮いてしまったようなのです。つまずくと危ないと思い、仕方なく別のものに張り替えることにしました。

新たに選んだのは、サンゲツのモルテストーンというグレーのフロアタイル。サイズ違いを組み合わせられるので、自分で図面を書いて張り方を考えました。今回目を見張ったのが、最新のフロアタイルの素材感や機能性。驚くほど進化していて、風合いがいいうえに、滑りにくく掃除もしやすいのです。最初はやむなく行ったリフォームでしたが、本当に張り直してよかったと思っているところです。

5 愛猫そらの成長を見守りながら いとおしさも日に日に増して

愛猫そらは、三歳になりました。この本の撮影を始めた頃は、そらがまだカメラマンさんに慣れていなかったこともあり、私が撮った写真を掲載しました。まだ子猫で、本当に小さくて。成長の過程をすべて写真に収められるよう毎日のように撮影していたので、どの写真もかわいく感じて、掲載する数枚を選ぶのにとても苦労したのを覚えています。

いつも私が座る椅子には、ミナ ペルホネンのタンバリンという柄の生地を張っているのですが、そらが私のところに来るたびに椅子の背で爪とぎをするので、一年ほどでボロボロに。「だめだよ」と言いながら、次は何色の生地にしようと考えるのも、楽しみのひとつです。

また、そらの寒い時期の習慣が、私のスカートの中に入って眠ること。私にとって、それはご褒美のような時間で、足が痺れてきてもなるべく動かず、そらを起こさないようにしています。大きくなっても、いとおしさは変わらず、わが家のお姫様のような存在です。

6　寝室のドレッサーをパソコン机としても使えるように

リモートワークやオンライン会議が日常になり、このところの働き方改革もあって、夫も私も家で仕事をすることが増えました。そこで数年前に、寝室のドレッサーを仕事机としても使えるものに変更。天板にパソコンやタブレットの電源コードを通す穴を開け、背面には電源コードを壁沿いに這わせながら隠せる細長いボックスを作りました。

もともと壁につけていたイケアの白い棚も、木目の机に合わせて、扉と側面に突板を張ってリメイク。以前はプッシュ式の扉でしたが、扉の板を少し長くして手をかけられるようにしたら、随分開けやすくなりました。正面に壁づけしたイケアの丸い鏡も木目なので、机まわりがシックな雰囲気にまとまった気がします。

二人とも家で仕事をする日は、私が二階のリビング、夫が一階にあるこの机で。オンライン会議や電話の声、キーボードを打つ音など、お互い気兼ねすることなく、快適に作業を進められるようになりました。

内田彩仍

福岡県に夫、愛猫と暮らす。丁寧な暮らしぶり、センスある着こなしが雑誌などで人気を集める。
主な著書に『いとおしむ暮らし』『幸せな心持ち』
『変えること変わらないこと』（すべて主婦と生活社刊）などがある。

新装版 家時間

著　者　内田彩仍
編集人　森　水穂
発行人　倉次辰男
発行所　株式会社 主婦と生活社
〒104-8357 東京都中央区京橋 3-5-7
編集部　TEL 03-3563-5191
販売部　TEL 03-3563-5121
生産部　TEL 03-3563-5125
https://www.shufu.co.jp
製版所　東京カラーフォト・プロセス株式会社
印刷所　TOPPAN 株式会社
製本所　株式会社若林製本工場
ISBN978-4-391-16127-4

[STAFF]

撮　影　大森今日子
デザイン　山本めぐみ（el oso logos）
取材協力　増田綾子
校　正　滄流社
編　集　森 水穂

※本書は、2020年に刊行された『家時間』に加筆修正を行い、新装版として書籍化したものです。
※十分に気をつけて造本していますが、万一、乱丁、落丁があった場合は、お買い上げになった書店か、
小社生産部（☎03-3563-5125）へご連絡ください。お取り替えいたします。
※編集部にお送りいただいた個人情報は、他の目的には使用いたしません。
詳しくは当社のプライバシーポリシー（https://www.shufu.co.jp/privacy/）をご覧ください。